Complex Scientific Management

复杂科学管理

（第5辑）

陈 劲 主编

教育部人文社会科学重点研究基地清华大学技术创新研究中心 主办

科学出版社
北 京

内 容 简 介

《复杂科学管理》是国内唯一一份致力于介绍复杂科学管理的基本理论、方法、应用及最新发展的学术集刊。本集刊以"学术创新，学术民主"为宗旨，刊载复杂科学管理领域内高质量的学术论文，包括理论探讨、实证分析、案例解读、文献综述和评论等。本集刊共收录了五篇文章，研究主题涉及：复杂性维度视角下的多层网络研究综述；复杂科学管理未来的发力点——文献计量视角下五类组织管理问题研究趋势分析；基于全媒体数据的重大突发事件舆论治理；洪涝灾害诱发的城市系统性风险管理；推荐系统视角下的复杂用户行为识别。

本书可供企事业单位的各级管理者、经济管理领域的研究者和大专院校师生，以及对复杂科学管理话题感兴趣的普通大众阅读参考。

图书在版编目（CIP）数据

复杂科学管理. 第 5 辑 / 陈劲主编. —北京：科学出版社，2023.2
ISBN 978-7-03-074943-7

Ⅰ. ①复⋯ Ⅱ. ①陈⋯ Ⅲ. ①科学管理 Ⅳ. ①C931

中国国家版本馆 CIP 数据核字（2023）第 034266 号

责任编辑：徐 倩 / 责任校对：姜丽策
责任印制：赵 博 / 封面设计：无极书装

科学出版社 出版
北京东黄城根北街 16 号
邮政编码：100717
http://www.sciencep.com

北京虎彩文化传播有限公司印刷
科学出版社发行 各地新华书店经销

*

2023 年 2 月第 一 版　开本：787×1092　1/16
2024 年 3 月第二次印刷　印张：6 1/4
字数：150 000

定价：86.00 元
（如有印装质量问题，我社负责调换）

编 委 会

顾　　问	丁烈云　王众托　杨善林　许庆瑞　李京文 张勇传　陈晓红　徐寿波　郭重庆　徐绪松
主　　编	陈　劲
副 主 编	王宗军　牛东晓　方德斌　李北伟　吴德胜 陈彦斌　陈畴镛　胡祥培　谢科范　魏　江
编委会成员	（按姓氏笔画排序） 马庆国　马费成　王　刚　王伟光　王克岭 王树良　王敬远　王慧敏　邓天虎　乐　云 冯　博　吕　欣　朱国宾　刘　阳　刘大为 刘吉成　刘建国　齐二石　杜建国　杜慧滨 李　兵　李一军　李伟红　李志军　李春玲 李崇光　邱菀华　张　昆　张　维　张　勤 张冬丽　张明新　张宗益　张建民　陆　伟 陈　旭　邵云飞　范如国　易平涛　金　勇 周　晶　郑　湛　赵海峰　胡　斌　侯成琪 施　赛　夏火松　夏昊翔　徐玖平　高建平 黄丽华　黄海军　梅　强　曹　平　盛昭翰 蒋　炜　童泽平　曾庆成　曾赛星　裘江南 蔡　莉　谭忠富　谭跃进　黎继子　魏一鸣

目录 CONTENTS

复杂性维度视角下多层网络研究进展综述
  方德斌，余谦，魏忠俊 ·················· 1

复杂科学管理未来的发力点——文献计量视角下五类组织管理问题研究趋势分析
  刘大为，余进洋 ·················· 24

基于全媒体数据的重大突发事件舆论治理
  刘建国，高威，刘益东 ·················· 50

洪涝灾害诱发的城市系统性风险管理
  刘高峰，王慧敏，黄晶，朱锦迪，陶飞飞 ·················· 65

推荐系统视角下的复杂用户行为识别
  孙榛，孙世航，李先能 ·················· 75

复杂性维度视角下多层网络研究进展综述[*]

方德斌[1]，余谦[2]，魏忠俊[2]

（1. 武汉大学 经济与管理学院，武汉 430072；2. 武汉理工大学 经济学院，武汉 430070）

摘要：在复杂网络的研究中，学者已经注意到传统的复杂网络模型对现实世界进行了高度抽象，舍弃了很多在复杂世界运行中起着重要作用的细节。为探索复杂世界的规律，从不同维度衍生出了多种具有不同复杂属性的多层网络模型。本文尝试从多样性、层次性、动态性、多元性、高阶性等复杂性维度梳理多层网络模型的各种扩展形式，即从结构（节点和链接）的多样性、系统的层次性、网络形成的时间性、网络关系的多元性及节点间关系的间接高阶依赖性等方面对多层网络研究框架进行梳理。最后，给出了统一的多层网络框架，并对未来多层网络构建进行展望。

关键词：复杂网络；多层网络；复杂性维度

1 引言

人类无时无刻不处于众多规模不一且具有强弱相互联系的复杂系统中，小到由数千个分子组成的细胞，大到由数十亿个个体相互作用形成的社会，此外还包括气候、基础设施、经济金融以及创新等诸多领域的复杂系统[1~3]。在网络科学中描述和分析这些复杂系统的有力工具是复杂网络，其产生于图理论的演进过程中，随后在各种复杂性维度上得以发展，并逐渐成为系统科学、复杂性科学和统计物理学研究的焦点。

网络研究起源于数学上对图（graph）的研究。1960 年随机图（random graph）理论的提出对网络科学研究产生了较为深远的影响。传统图论模型假设网络中的节点数是固定的且链接是随机分布的。然而，这与 1998 年发现的小世界网络（small world networks）[4]和 1999 年发现的无标度网络（scale free networks）[5]等真实网络上节点数可变且遵循优先连接机制相悖。特

---

[*] 基金项目：国家自然科学基金重点专项项目"跨区域电力市场与碳市场的协同机制与政策研究"（72243010），国家自然科学基金面上项目"多层耦合网络视角的关键核心技术创新系统协同演化及治理研究"（72274147），教育部人文社科基金项目"关键战略材料会聚创新的成因、机制与优化路径研究"（22YJA630108）。

作者简介：方德斌（1976—），男，安徽舒城人，武汉大学教授、博士生导师，主要研究方向：决策论、对策论、能源与环境管理。余谦（1975—），男，湖北荆州人，武汉理工大学教授、博士生导师，主要研究方向：创新网络、复杂系统建模与仿真。魏忠俊（1995—），男，贵州贵阳人，武汉理工大学经济学博士研究生，主要研究方向：创新网络、复杂系统建模与仿真。特

别地，这两类网络的发现推动了网络科学研究从简单规则网络向复杂网络的转变，标志着复杂网络研究新纪元的到来，并掀起了空前的复杂网络研究浪潮。最初，大多数复杂网络都是通过对复杂系统进行简单抽象得来。将系统表示为普通网络，其中节点表示个体，个体间的联系用静态、未加权的单个链接表示[6]，这种建模方法在过去已被成功用来说明许多真实网络具有高节点中心性[2, 3]、小世界性[4, 7]、无标度性[5]、重尾度分布[5, 8]和模块化结构[9]等特性。随着复杂网络研究的日趋深入，学者也考虑了关联关系的有向性[10]、权重或强度[11]以及在时间维度上的存在性[12]等方面。网络复杂性维度的持续提升不断丰富和完善了复杂网络理论。

近年来，随着网络科学的蓬勃发展，基于高度复杂且彼此作用的现实系统，学者认识到单一网络在很多方面都受到极强的限制[13]。譬如，单一网络同质化对待网络中所有的链接或节点，可能会导致无法完全捕捉到现实生活中的一些细微之处，进而引起对现实世界中某些现象的错误认知[14]。因此，学者基于更高层次的网络复杂性维度在社会学、物理学以及经济学等众多领域开展了多层复杂网络研究并形成了大量的分析工具。下面将梳理多层网络在社会领域中的应用（社交网络、基础设施网络、经济金融网络、创新网络等）和在自然领域中的应用（分子网络、脑网络、生态网络、气候网络等），从而深刻认识多层网络复杂性维度提升的异质性视角。

在社交网络研究中，学者为分析 Facebook、Twitter、Youtube 等在线社交平台上用户之间的多样性交互及其交互的时间特性[15]，构建了多重网络、多切片时效网络等多层网络。Lancichinetti 和 Fortunato[16]构建出反映合作关系的多切片时效网络并进行了实证研究。Magnani 等[17]构建了奥尔胡斯大学计算机科学系 61 名员工在线和离线社交互动的多重网络，研究了个体识别重要集群的能力变化。在基础设施网络研究中，学者在分析航空运输、城市交通以及电力系统等方面的交互时，建立了多重网络和相互连接网络。Cardillo 等[18]构建了一个由 37 个不同层组成的欧洲的航空运输网络（air transportation network，ATN），分析了不同机场在欧洲航运交通中的作用，并用于设计和建立新的航班链接和经济伙伴关系。De Domenico 等[19]构建了伦敦地铁、公共汽车和码头区轻轨三层多重交通网络，描述了多重网络中的扩散现象并揭示了扩散模式的新特征。Brummitt 等[20]分析了美国西部、东部和得克萨斯州三个地区电网之间的相互作用，并估计了它们的最佳互连水平。

在经济与金融网络研究中，学者为研究不同商品贸易和银行间信用风险传播而构建了多重网络。Barigozzi 等[21]分析了世界各国之间特定商品贸易的多重贸易网络（multiplex trade network）的拓扑结构性质。Bargigli 等[22, 23]基于意大利 2008~2012 年银行间市场数据建立了相应的多重网络，分析了银行间信用风险传播问题。在创新网络研究中，学者基于双层耦合网络和超网络模型分析了创新扩散问题。Yu 等[24]将创新扩散中个体的行为区分为信息感知和决策两个过程，构建了"信息—行为"双层网络模型，研究了双层网络上的创新扩散行为。Wang 等[25]使用科学论文合作关系构建了改进的知识扩散超网络（improved knowledge diffusion hypernetwork，IKDH）模型，研究了创新扩散的影响因素。Brennecke 和 Rank[26]构建了知识网络与建议网络耦合的双层网络，借助多水平随机指数图模型（multilevel exponential random graph model，mERGM）分析了研究人员之间建议关系的影响因素。

在分子网络研究中，学者为发现癌症驱动基因、基因表达作用以及物种间蛋白质共存模块而构建了多层网络。Cantini等[27]专注于胃、肺、胰腺和结肠直肠等肿瘤组织，提出一种新的基于多层网络的策略来整合不同层次的基因组信息，并以协调的方式来识别驱动癌症的基因。Bennett等[28]基于给定基因的激活子和抑制子的调控网络以及共表达网络的三层多重网络，研究基因表达谱之间相关性对衍生群体功能凝聚力的影响。Michoel和Nachtergaele[29]采用多层网络方法发现了不同物种间蛋白质相互作用网络的保存模块。在脑网络研究中，学者基于多重网络探索了脑网络中的特定区域以及脑结构与功能间的关系。Nicosia和Latora[30]在神经元水平上将秀丽隐杆线虫（Caenorhabditis elegans，C. elegans）的脑网络构建为化学单元/多元链接和电链接的三层多重网络，揭示了网络中胺能和神经肽信号调节突触活动的位置。Bullmore和Sporns[31]利用网络理论工具研究了脑功能网络和脑结构网络之间的关系。

在生态网络研究中，学者为分析群落中物种间的营养关系和相互作用而建立了相应多层网络。Kéfi等[32, 33]构建了智利中部潮间带海岸的生态群落的食物网多层网络，研究发现不同层之间存在着很强的联系。Melián等[34]研究了西班牙南部所有植物物种之间互惠性和对抗性的相互作用的生态网络。在气候网络研究中，学者为研究气候的时间演化以及海气耦合模式而建立了多切片时效网络和多重网络。Yamasaki等[35]利用时效网络框架分析气候网络的时间变化，发现世界上具有相同温度记录的不同地理区域的气候网络动力学受到厄尔尼诺（El Niño）振荡的显著影响。Feng等[36]基于海温场和高度场的内部及交叉双重相互作用构建海气双层耦合网络，识别出海气相互作用的三维模式。

综上所述，由于探索复杂世界的需要，复杂网络的研究从不同维度衍生出了多种具有不同复杂属性的多层网络模型，并已在众多领域产生了丰硕成果。本文尝试从复杂性维度的视角，梳理多层网络在各方向上的研究进展，以期为构建统一的多层网络分析框架提供启示。

2 复杂性维度下的多层网络类型

在复杂网络的研究中，学者已经注意到传统的复杂网络模型对现实世界进行了高度抽象，舍弃了很多在复杂世界运行中起着重要作用的细节。例如，尚未考虑复杂系统中个体及个体间的关系存在性质差异；复杂系统中也存在着鲜明的层次结构；时间方面也会影响网络模型的构建；复杂系统中个体间的关联关系除二元关系外还会形成于多元之间；复杂系统中个体间具有间接依赖关系等重要方面。因此，在这些方面对多层复杂网络的研究进行了广泛的探索。

由于复杂性所代表的广泛含义在时间的演化过程中不断地改变和丰富，当我们谈到复杂性时，很难给出一个精确的定义。本文仅尝试从多样性、多元性、层次性、动态性、高阶性等复杂性维度梳理多层网络模型的各种扩展形式，即从结构（节点和链接）的多样性、系统的层次性、网络形成的时间性、网络关系的多元性、节点间的间接高阶依赖性等方面梳理多层网络的研究框架。

第一，当仅考虑单层网络中结构（节点及其节点间链接）属性或性质方面的异质性，即存在不同类别的多重结构属性时，可从现有文献中总结归纳出四种主要的多层网络，分别是多路复用网络（multiplex networks，又被称为多重关系网络，multi-relational networks）[37,38]、多维度网络（multi-dimentional networks）[39]、相互依存网络（interdependent networks）[40,41]、相互连接网络（interconnected networks，又被称为相互作用网络，interacting networks）[19,42]。前两种多层网络又被称为边着色的网络（edge-colored networks），而后两种多层网络又被称为点着色的网络（node-colored networks）。一个多路复用网络的典型例子是社会网络，其中不同的层表示不同类型的社会关系（友谊、家庭和同事等）[2,43]。其他例子包括基因共表达网络和交通运输网络等。在基因共表达网络中，每一层可以表示不同的组织类型或环境[44]。在多路复用运输网络中，如航空网络的每一层包含来自单个航空公司的航线[18]；航运网络中不同层上对应不同类型船只[45]；地面运输网络中每一层包括来自某一运输模式的链接。此外，多维度网络的典型例子为城市交通多维网络，其中节点代表城市，每种交通工具为一个维度，则每个城市可以通过飞机、公共汽车、火车、轮渡或任何其他可用的交通方式与从它出发且能到达的所有其他城市相连[46]。在线社交网络中，人们可能在多个社交平台（如 Twitter、Facebook、Wechat 等）中创建自己的用户 ID，如果整合每个用户的所有 ID，则可构建一个多维社交网络，其中任何一对用户都可以通过他们共同所在的一维网络中的友谊关系连接起来。相互依存网络的典型实例是 2003 年 9 月 28 日影响意大利大部分地区的停电事件所涉及的电力网络和互联网网络（一个监督控制和数据采集系统）。这两个网络具有双向依赖性，电站依赖通信节点进行控制，通信节点依赖电站进行供电[40]。相互连接网络的典型例子为城市的交通网络，一层是公交车站网络，另一层是地铁网络或是有轨电车网络，人们利用两者的最优组合路径从城市一个地方到另一个地方[19]。

第二，当考虑单层网络中系统层次方面的异质性时，从当前已有研究中可梳理出多层次网络（multi-level networks，或称为多水平网络）[47,48]。社会网络中通常存在不同的群体或层次，即存在几类不同类型的节点，如通过成员的性别、年龄结构、组织归属等方面来划分，基于此构建的多层网络称为多层次网络。一个例子是当同时参加工作小组和运动小组的两个人存在某种关系时，我们必须强调这种关系是来自同一工作小组，还是同一运动小组。类似的情况也存在于公共交通系统中，如属于几个交通线路的两个车站之间的链接可以作为不同线路的一部分出现。此外，多层次网络也广泛存在于通信网络等其他现实系统中。

第三，在不考虑单层网络中结构和层次的多重属性前提下，仅从时间特性方面加以思考，即考虑不同时间窗口下的网络构型时，将各时间窗口下的每个单层网络按时间顺序排列成一簇，由此形成了多切片时效网络（multi-slice temporal networks）[12,49]。这类网络的出现为多层网络理论增添了新的内涵。现有研究中，可将一组事件或一个有序的图形序列表示为多切片时效网络[12]。例如，基于事件的时效网络的例子有：考虑一个移动电话呼叫网络，其中一个事件表示两个人之间的呼叫，并且一层中的链接对应于在一分钟内发生的所有呼叫。显然，两个持续一分钟的连续呼叫与一个持续两分钟的单个呼叫是不同的。因此，需要通过在两个连续层中使用两类链接来表示每种情形。另一种情况是从耦合时间序列中的相似性来构造时效网络，这可能来自实验数据或模型输出[50]。

第四，传统网络理论普遍关注由二元关系形成的节点链接，但复杂世界中还大量存在着三元或多元的关联关系。鉴于此，当网络模型构建视角从二元关系转向多元关系时，现有研究构建了一种重要的多层网络模型——超网络（hyper-networks）[51, 52]。例如，在研发合作过程中，一项发明专利可能是由创新群体中两人、三人或者更多人员共同完成，如果假定参与完成每项发明专利的研究人员存在某种共同的关系，那么一个关于研发的超网络结构由此形成；在科学家合作网中，节点表示作者，超边表示共同发表论文的作者组；在社交网络中，考虑两个以上参与者的协调行动；在蛋白质的复杂网络中，每个蛋白质表示为一个节点，每个复合体用一个超边表示；食物网中存在着一种竞争超图，其中节点代表食物网中的物种，超边代表为共同猎物而竞争的物种群。因此，从社会网络到食物网络，再到蛋白质或代谢的复杂网络，都可以用超网络来研究。

第五，传统网络建模思想认为网络中节点间的关联关系只与最近邻的两个节点有关[53, 54]。随着计算机运算能力的大幅提升，网络科学家发现传统网络模型难以捕获节点间的间接依赖关系，从而导致对真实系统的整体认知存在偏差。解决这一问题的有效办法是高阶网络（higher-order networks，HON）的引入[55, 56]。例如，在软件开发者社交网络中，节点表示同一开源项目的开发人员，链接表示开发人员间包含通信时间的互动关系。如果不考虑节点间的时序依赖信息仅构建一阶网络，则会对成员在团队中的重要性产生错判[54]。也有研究表明，在真实的航运系统中，其中节点代表港口，链接表示两个港口之间的成对航运。一艘货船的前序停靠港口会对其后续航线产生影响。与不考虑该依赖信息的一阶航运网络相比，在引入时序依赖信息的高阶网络上得到的社团结构更能反映港口间的运输强度[53]。再如，Web上的用户点击流，其中节点是Web页面，交互关系是用户从一个Web页面导航到另一个Web页面。显然，用户对下一页面的访问不仅取决于上一个页面，还受之前点击顺序的影响。高阶网络建模方法是捕捉节点间间接依赖关系的主要手段，能有效弥补传统网络模型对现实系统表征能力的不足[57]。

综上所述，在复杂性维度的视角下，多层复杂网络的研究可分为以下类型，见表1。

表1 多层网络分类及代表性文献

复杂性维度	多层网络名称	网络示意	代表性文献
多样性	多路复用网络（multiplex networks）		[2]、[17～19]、[21～23]、[27～30]、[36～38]、[43～45]、[58]

续表

复杂性维度	多层网络名称	网络示意	代表性文献
多样性	多维度网络 （multi-dimentional networks）		[39]、[46]、[59～61]
	相互依存网络 （interdependent networks）		[40，41]、[62～64]
	相互连接网络 （interconnected networks）		[14]、[19]、[42]、[65，66]
层次性	多层次网络 （multi-level networks）		[47，48]、[67～71]

续表

复杂性维度	多层网络名称	网络示意	代表性文献
动态性	多切片时效网络（multi-slice temporal networks）		[12]、[14]、[16]、[35]、[49, 50]
多元性	超网络（hyper-networks）		[14]、[25]、[51, 52]、[72]
高阶性	高阶网络（higher-order networks）		[53, 54]、[56, 57]、[73]

3 不同复杂属性下的多层网络表征

3.1 具有多样性复杂属性的多层网络

3.1.1 多路复用网络

Ballinger 在 1980 年分析高频电信电缆和频分复用（frequency-division multiplexing，FDM）网络时最早提出了多路复用网络这一术语。近年来，自多路复用网络理论提出后，学者将其广泛应用于社交[17]、交通[18]、经济金融[21~23]以及生物学[27~30]等众多领域，揭示了不同关系属性下的相互作用，突破了单层网络无法分析异质性关系的难点。多路复用网络是一种由同一组节点及其不同相互作用关系构成所有网络层，不同网络层上同一节点的对应关系为层间链接的最简单的多层网络模型[38]。图 1 直观展示了多路复用网络的基本拓扑结构特征。下面采用数学语言来描述多路复用网络[58]。

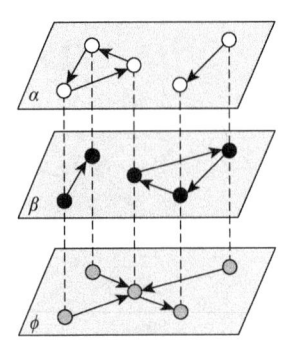

图 1　多路复用网络

多路复用网络中每个网络层对应不同类型的关系或交互作用，将网络层集合表示为 $L=\{1,2,\cdots,m\}$，其中 $|L|=m$ 为多路复用网络中的层数。网络中，节点是网络的基本组成（components），将节点集合表示为 $V=\{1,2,\cdots,n\}$，其中 $|V|=n$ 为网络节点数。因此，可用 $G_P=(V,L,P)$ 表示一个二元关系，其中 $P\subseteq V\times L$ 为节点-层对（node-layer pairs）。若 $(u,\alpha)\in P$（$u\in V$，$\alpha\in L$），表明节点 u 参与到 α 层。事实上，节点-层对 (u,α) 是节点 u 在层 α 的代表，因此 P 为节点-层对集合。若每个节点 $u\in V$ 在每一层都有一个代表，即 $P=V\times L$，则称该网络为节点对齐的多路复用网络（node-aligned multiplex network），于是有节点-层对数 $|P|=mn$。

一组节点在每种关系下的相互作用系可表示为网络 $G_\beta=(V_\beta,E_\beta)$，其中 $V_\beta=\{(u,\alpha)\in P|\alpha=\beta\}$，即 V_β 是 β 层中所有节点-层对集合 P 的子集；边集 $E_\beta\subseteq V_\beta\times V_\beta$ 表示节点间某种特殊的关联关系。将 $G_\beta=(V_\beta,E_\beta)$ 称为层-图（layer-graph），将所有层-图的并集 $G_I=\bigcup_\alpha G_\alpha$ 称为内层图（intra-layer graph），其中，$|V_\beta|=n_\beta$ 是 β 层中节点-层对数。对于节点对齐的多路复用网络，有 $n_\alpha=n$，$\forall\alpha\in L$。若考虑 $u=v$，则两个节点-层对 (u,α) 和 (v,β) 之间有一条边（即图 G_P 中的两条边关联在同一个节点 $u\in V$ 上），表明不同层中代表同一节点的节点-层对间有链接，从而形成了耦合图（coupling graph）$G_C(P,E_C)$。因此，多路复用网络可综合表示为图 $G_M=G_I\bigcup G_C$。

3.1.2　多维度网络

Kron[74]在 1962 年试图将一维电网模型扩展到多维网络时创造出了多维度网络这一概念。近年来，学者利用多维度网络理论模型在社交、交通以及合作创新等方面进行分析，获取了丰富的管理见解[59~61]。该网络模型弥补了单一网络难以对异质性关联关系展开研究的不足。多维度网络是指一种表征网络节点间存在多个不同类型联系的多层网络模型[59,60]。同一类联系可以独自构成一个单维网络，则多个独立的单维网络组合就构成多维度网络。

图2（a）呈现了三个个体组成的社交网络，其中不同线形的链接表示个体间的多种社会关系（如朋友、同事、亲属、组员或同名等）。上述社交网络也可表征为同一关系下不同年份的多维度网络［图2（b）］，该多维度网络表示了不同个体间某共同关系形成的不同年份。下面基于多重图（multigraph）来阐述多维度网络模型。

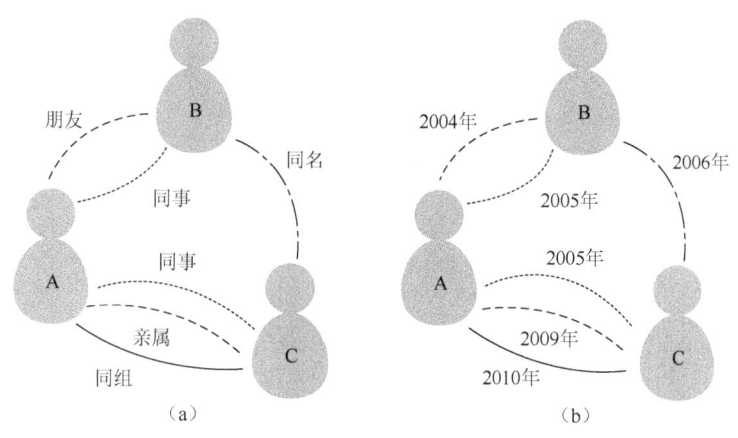

图 2　多维度网络[59]

首先仅考虑带边标签的无向多重图（edge-labeled undirected multigraphs）。将其表示为一个三元组 $G=(V,E,L)$，其中，V 是节点集合，L 是标签集合，E 是带标签的链接集合［即三元组 (u,v,d) 的集合，其中 $u,v \in V$ 是节点，$d \in L$ 是标签］。不失一般性地，采用维度这个术语来替换标签。当一个节点属于或出现在一个给定维度 d 时，那么至少有一条用 d 标记的链接与它相连。假设一对给定节点 $u,v \in V$ 和一个标签 $d \in L$，那么可能存在一条链接 (u,v,d)。因此，多维度网络 G 中每对节点最多可由 $|L|$ 条可能的链接连接。若考虑有向多重图，那么链接 (u,v,d) 和 (v,u,d) 为两条不同的链接。若继续考虑链接权重问题，链接的表示就不再是三元组而是四元组 (u,v,d,w)，其中，w 为带边标签 $d \in L$ 的节点对 $u,v \in V$ 之间关系的实数权重。

多维度网络 $G=(V,E,L)$ 可通过将每个标签视为一个网络层来转化为相应的多路复用网络，从而形成一个多层网络。具体地，将多维度网络 G 与多层网络 $\{G_1,G_2,\cdots,G_{|L|}\}$ 相关联，则每一网络层可表示为 $G_\alpha=(V_\alpha,E_\alpha)$（$\alpha \in L$），每一个交叉层 $1 \leqslant \alpha \neq \beta \leqslant |L|$ 满足 $E_{\alpha\beta}=\{(x,x);x \in V\}$。网络层 G_α 的节点集合为 V_α，链接集合为 $E_\alpha=\{(u,v) \in V \times V;(u,v,d) \in E$ 且 $d=\alpha\}$。

3.1.3　相互依存网络

1977 年 Johnson 在讨论多元文化社区中亲属关系时首次提及相互依存网络这一术语。后来，Kurant 在 2006 年等发表了相互依存网络的先驱性论文，但真正掀起相互依存网络研究热潮的是 Buldyrev 等[40]发表在 *Nature* 上关于级联失效的研究论文。研究者运用相互依存网络分析了电网、交通运输和通信基础设施等真实系统中的相互依赖关系[62~64]。相互依存网络是一种由多个具有相互依赖关系的网络组成的多层网络，其中层间连边反映了节点间的依存关系，这种依存关系使得一个网络层的动态变化会极大地影响其他网络层[40,41]。下面对相互依存网络进行数学语言描述[40]。

为了构建相互依存网络模型,我们不失一般性地考虑了两个具有相同节点数 N 的网络 A 和网络 B。在网络 A 中,节点服从度分布 $P_A(k)$ 且被链接"A-"随机连接,其中每个节点的度 k 定义为网络 A 中连接到该节点的链接"A-"的数量。类似地,网络 B 中节点满足度分布 $P_B(k)$ 并由链接"B-"随机连接(图 3)。网络 A 中节点 $A_i(i=1,2,\cdots,N)$ 的功能取决于网络 B 中节点 B_i 提供关键资源的能力,反之亦然。如果节点 A_i 因受攻击或故障而停止工作,节点 B_i 也会停止工作。类似地,如果节点 B_i 停止工作,节点 A_i 也停止工作。我们用一个双向链接 $A_i \leftrightarrow B_i$ 来表示这种依赖,它定义了网络 A 与网络 B 的节点之间一对一的关联关系。特别地,相互依存网络可以将每个网络当成一个网络层从而作为多层网络来研究。

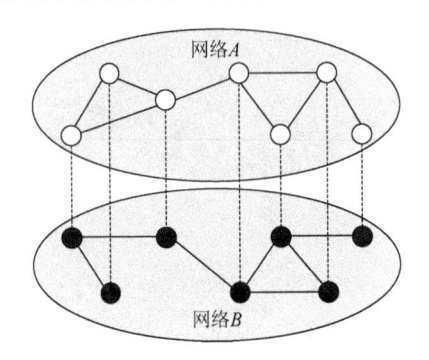

图 3　相互依存网络[75]

相互依存网络的耦合方式使其对随机故障非常敏感。一个网络中节点的失效可能导致其他网络中相依赖的节点的失效,进而导致一连串的"多米诺骨牌"式的失效。一个著名的例子是 2003 年 9 月 28 日影响了意大利大部分地区的电力停电事件,这是由涉及电网和互联网网络组成的相互依赖的网络之间的级联故障引起的。这两种网络具有双向依赖性,电站控制依赖于通信节点,通信节点供电依赖于电站。当电网中的发电站关闭时会直接导致互联网通信网络节点的故障,反过来又导致了进一步的发电站故障(图 4)。

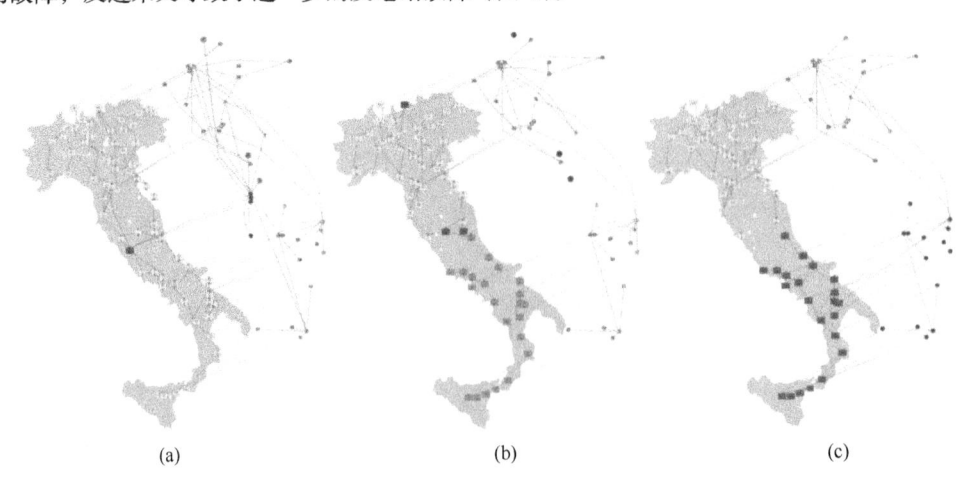

图 4　意大利停电模拟级联失效示意图[40]

3.1.4 相互连接网络

Purcell 和 Powel 于 1931 年在一封描述两家公司电网成功互连的信中最早提到了相互连接网络的概念。后来，学者基于相互连接网络理论分析了交通[19]、气候[42]以及基础设施[66]等领域的子网络间的相互作用，发现了无法凭借单一网络获取的研究结果。相互连接网络是一种描述自然、技术和人类社会中多样化系统间相互作用关系的多层网络模型，故又被称为相互作用网络[14,42]。下面运用数学语言对相互连接网络模型进行理论描述[42]。

考虑网络 $G=(V,E)$，其中 $V=\{1,2,\cdots,N\}$ 为节点集合，E 为表示 $N=|V|$ 个节点相互作用的链接集合。为构建一个相互作用的子网络（interacting subnetworks）的网络，则需将节点集 V 分解为不相交子集 V_i，即满足 $\bigcup_i V_i = V$，$V_i \cap V_j = \varnothing$，$\forall i \neq j$，其中，子集 V_i 中的节点个数为 $N_i = |V_i|$。类似地，将链接集合 E 分解为包含子集 V_i 内部节点间的链接集合 E_{ii}，以及连接子集 V_i 和 V_j 中节点的链接集合 E_{ij}，且满足 $\bigcup_{ij} E_{ij} = E$，$E_{ij} \cap E_{kl} = \varnothing$，$\forall (i,j) \neq (k,l)$。换言之，子网络 $G_i = (V_i, E_{ii})$ 之间的相互作用由链接集合 E_{ij} ($i \neq j$) 来描述。特别地，索引 i,j,k,l 为不同的子网络，符号 v,w,p,q 为单个网络节点。

本质上，相互连接（作用）网络反映了网络层集合 $\{G_1, G_2, \cdots, G_L\}$ 之间的相互作用。因此，相互连接网络很容易被构建为多层网络模型 $\{G_1, G_2, \cdots, G_L\}$，其中，耦合层对应于网络层 G_α 和网络层 G_β 之间的相互作用（图5）。图5（a）表示两个相互作用的网络，层间链接箭头指明了作用方向。特别地，图5（b）为由图5（a）所示的相互作用网络转化而来的多层网络模型。

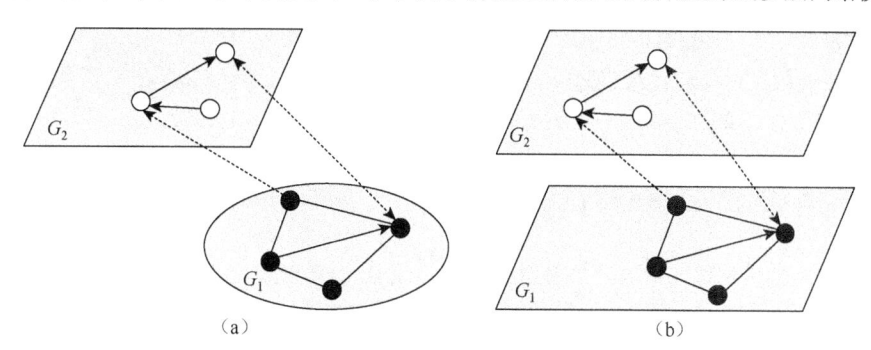

图 5 相互连接网络的多层网络表示[14]

3.2 具有层次性复杂属性的多层网络：多层次网络

Haring 于 1966 年在为电子和计算机网络引入多阈值元素的过程中提出了多层次网络的概念。后来，随着多层次网络理论模型的建立，该网络被广泛应用于国际贸易[69]、创新合作[70]以及气候变化[71]等领域，得出了一系列更具洞察力的研究发现。这些研究表明，相较于单一网络，多层次网络为分析具有层次性的系统提供了便利。多层次网络是一种以具有层次属性的系统为研究对象，描述每个层次内节点间和跨层次节点间关系的多层网络[48,67]。这种网络与现实复杂系统具有规模介于全局和局部之间的中尺度的社区结构（community structure）有关[68]。

一个 k-层次网络有 k 种不同类型的节点,其中每个层次可表示为一个单模网络(one-mode network),相邻两层的节点之间可表示二部网络或双模网络(bipartite network 或 two-mode network)。特别地,对于一个宏观层面有 u 个节点,微观层面有 v 个节点的两层次网络,将宏观层次网络记作网络 A,微观层次网络标记为网络 B,中间层次双部网络标记为网络 X。因此,可将整个网络称为 (u,v) 两层级网络,标记为 M(图6)。下面采用数学语言来描述多层次网络模型[47]。

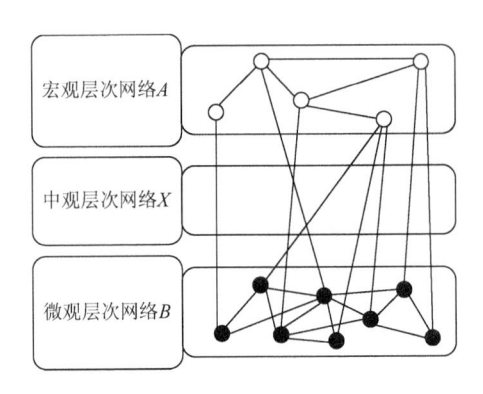

图 6 多层次网络[47]

给定网络 $G=(X,E)$,其多层次网络可表示为一个三元组 $M=(X,E,S)$,其中,$S=(S_1,S_2,\cdots,S_p)$ 是网络 G 的子图族 $S_q=(X_q,E_q)$,且满足 (i) $X=\bigcup_{j=1}^{p}X_j$,(ii) $E=\bigcup_{j=1}^{p}E_j$。事实上,网络 G 是三元组 M 的投影网络,每个子图 $S_j \in S$ 称为多层次网络 M 的一个切片网络。多层次网络 $M=(X,E,S)$ 可被视为一个多层网络,即对于所有 $1 \leq \alpha \neq \beta \leq p$,该多层次网络的所有网络层集合为 $\{S_1,S_2,\cdots,S_p\}$,且交叉层为 $E_{\alpha\beta}=\{(x,x);x \in X_\alpha \bigcap X_\beta\}$。

3.3 具有动态性复杂属性的多层网络:多切片时效网络

多切片时效网络这一术语最早出现在1998年由 Dojat 等学者发表的关于医学领域时间推理的场景识别研究中[76]。后来,国内外学者在社交[15]、气候[35]以及交通[77]等领域进行了多切片时效网络分析,与未考虑时间维度的单一网络相比较,学者获得了更为深入的研究发现。多切片时效网络是一种描述一段时间 T 内个体间的一系列交互作用的多层网络[14]。其中,交互可以是瞬时的,如发送短信或电子邮件;也可以为一个持续时间,如一个电话或一个面对面的互动。因此,时效网络编码的信息可以聚集在由一组网络构成的多切片网络中,每片网络表明给定的时间窗口 δt 期间发生的所有交互。

对于一个由 N 个节点在一段时间 T 内相互作用形成的时效网络,可选择时间窗口 δt 来聚合交互数据。多切片时效网络可被视为由 $M=T/\delta t$ 层组成的多路复用网络,其中每个网络层 $\alpha=1,2,\cdots,M$ 反映了时间区间 $[(\alpha-1)\delta t, \alpha\delta t]$ 内的所有相互作用(图7)。多切片时效网络中层间互连方式有别于多路复用网络,这是由于网络层的出现有时间先后顺序。

$$G(t), t = 1, 2, 3$$

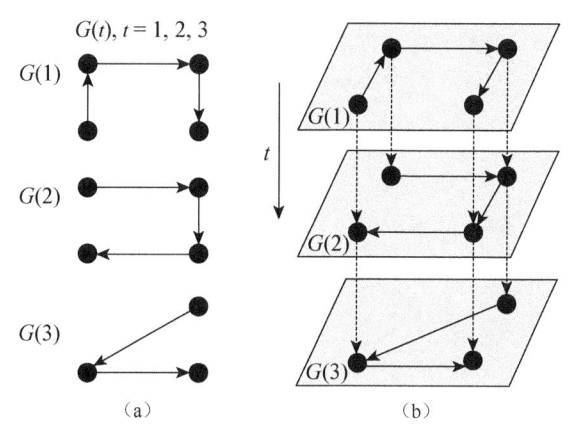

（a） （b）

图 7 多切片时效网络[14]

从时效网络的节点集合 $V = \{i | i \in \{1,2,\cdots,N\}\}$ 中构建出 M 组节点集合 V_α，即 $V_\alpha = \{(i,\alpha) | i \in \{1,2,\cdots,N\}\}$。于是，多切片时效网络 $G(t) = (G,C)$ 由非空的层网络 G 和耦合网络 C 组成。每个层网络 G_α 由 α 层中复制节点的集合 V_α 及其相互作用形成，即 $G_\alpha = (V_\alpha, E_\alpha)$，其由 $N \times N$ 邻接矩阵 $a^{[\alpha]}$ 确定。每个耦合网络 C 仅包含与后续复制节点的交互，即每个复制节点 (i,α) 的层间链接为 $[(i,\alpha),(i,\alpha+1)]$。因此，层间链接集合为 $E_{\alpha,\alpha+1}(\alpha = 1,2,\cdots,M-1) = \{[(i,\alpha),(i,\alpha+1)] | i \in \{1,2,\cdots,N\}\}$，而链接 $E_{\alpha,\beta}(\beta \neq \alpha+1) = \varnothing$。因此，多切片时效网络的 $(N \cdot M) \times (N \cdot M)$ 邻接矩阵为

$$A = \begin{pmatrix} a^{[1]} & I & 0 & \cdots & 0 & 0 \\ 0 & a^{[2]} & I & \cdots & 0 & 0 \\ \vdots & \vdots & \vdots & & \vdots & \vdots \\ 0 & 0 & 0 & \cdots & a^{[M-1]} & I \\ 0 & 0 & 0 & \cdots & 0 & a^{[M]} \end{pmatrix}$$

基于此，很容易将其扩展到加权的多切片时效网络中，即通过将所有邻接矩阵 $a^{[\alpha]}$ 的非零项取任意正值 $w_{ij}^{[\alpha]} > 0$（链接的权重）来获得。

3.4 具有多元性复杂属性的多层网络：超网络

Ernesto 等[72]在 2006 年开创性地提出复杂超网络来表示节点间多二元关系的系统。Ernesto 等将表示复杂系统的超图（hypergraph）称为复杂超网络。一个普通图中的链接只与一对节点相关，但超网络的边（称为超边，hyper-edges）可以与两个以上节点组相关。超网络在社交、生物以及创新合作等领域的复杂系统中得到了广泛应用[51, 52]，发现了不同于仅反映二元关系的单一网络所揭示的特征和规律。下面采用数学工具来描述超网络模型。

假设 $G = (X,E)$ 为有 n 个顶点和 m 条边的图，其中，$X = \{x_1, x_2, \cdots, x_n\}$ 表示一个非空有限的顶点集合，E 为图中的边集合。将顶点集 X 中的顶点重组成 k 个不同的子集，可形成子集族 $H = (H_1, H_2, \cdots, H_k)$，其中每个子集 H_i' 满足 $H_i \neq \varnothing (i = 1,2,\cdots,k)$，$\bigcup_{i=1}^{k} H_i = X$。于是，构建出图 G 的一个超图或超网络 $H'(X,H)$，其中 H_i 为超网络的一条超链接。该超网络可以转变为对应的多

层网络形式，即将超网络的超链接集合 H 中每条超链接 $H_i=\{x_1,x_2,\cdots,x_k\}$ 看作一个网络层，它是节点 $x_1,x_2,\cdots,x_k$ 的完全图，并且该多层网络的交叉层为 $E_{\alpha\beta}=\{(x,x); x\in X_\alpha \bigcap X_\beta\}$。

图 8 展示了超网络向多层网络的转化过程。图 8（a）表示了由三条超链接 (H_1,H_2,H_3) 构成的超网络，其包含节点集合 (x_1,x_2,x_3,x_4)，(x_4,x_5)，(x_3,x_4,x_5)。图 8（b）为超网络的多层网络表示，将超网络中的每条超链接对应为一个网络层，每个网络层是由相应超链接中两两节点彼此连接组成的完全图，层与层之间的链接只出现在对应节点之间。

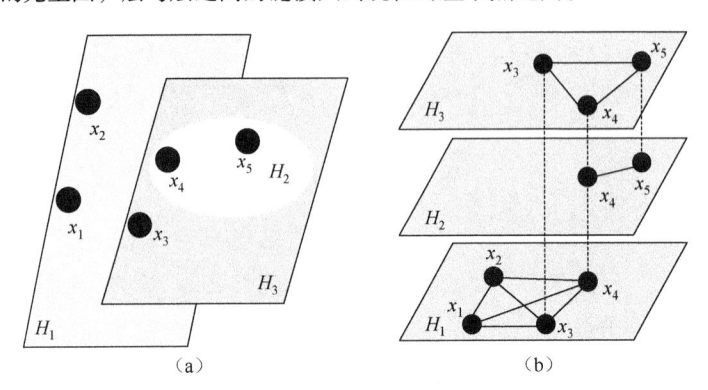

图 8　超网络向多层网络的转化[14]

3.5　具有高阶性复杂属性的多层网络：高阶网络

传统复杂网络的构建方法隐含假定了节点具有一阶依赖的马尔可夫属性，这种假定丢失了原始数据中关于节点间接依赖关系的重要信息[57]。Xu 等[53]在 2016 年提出了高阶网络表示法，该方法可以在网络表示中发现和嵌入可变依赖关系。学者采用高阶网络在全球船舶运输[73]、科学学[57]以及社交[54]等领域展开了研究，发现高阶网络比一阶网络更能准确预测风险和具有更好的表征能力。高阶网络是一种能反映复杂系统中个体或实体间的间接依赖关系的多层复杂网络[53,54]。下面对高阶网络模型进行数学描述[54]。

给定网络 $G=(V,E)$，其中 V 为节点集合，链接集合 E 表示所有节点对之间的联系。考虑节点间的二阶依赖关系，即节点间的关系不仅与相邻两个节点相关，还与前序节点 v_{i-1} 有关，进而可构建出单一网络的二阶网络 $G^{(2)}=(V^{(2)},E^{(2)})$。二阶网络的马尔可夫模型可以表示为 $P^{(2)}=P(v_{i+1}|v_{i-1}\to v_i)$。一随机游走者在二阶网络上从节点 $v_i|v_{i-1}$ 到节点 v_{i+1} 转移的条件概率为

$$P(v_{i+1}|(v_i|v_{i-1}))=\frac{W(v_i|v_{i-1}\to v_{i+1})}{\sum_k W(v_i|v_{i-1}\to v_k)}$$

其中，$W(v_i|v_{i-1}\to v_{i+1})$ 为链接 $v_i|v_{i-1}\to v_{i+1}$ 的权重。

图 9 展示了同一数据集下的一阶网络、二阶网络及其多层网络形式。二阶网络反映了位于 C 处的上一程来自 A 的游走者将继续前往 D，而上程来自 B 的将去 E 地，然而在一阶网络中无法反映出这种间接依赖关系。通过将节点 C 区分为 $C|A$ 和 $C|B$ 两节点，可把二阶网络过渡为多层网络形式 [图 9（c）]。

(a) 一阶网络　　(b) 二阶网络　　(c) 多层网络

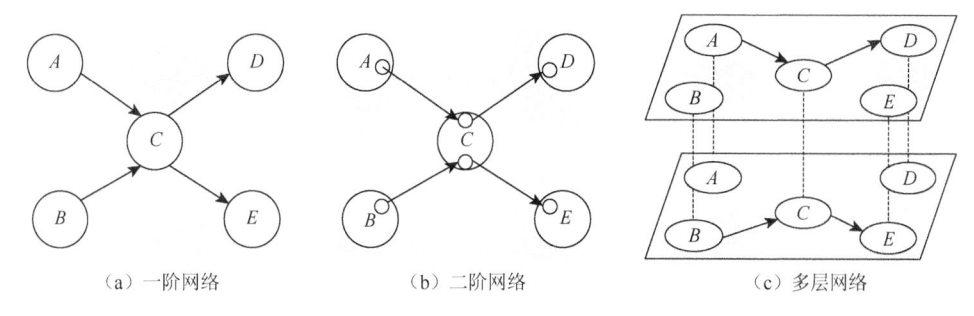

图9　同一数据集下的一阶网络、二阶网络及其多层网络形式[54]

若网络中相邻节点间的关联关系受多个前序节点的影响，则 k 阶网络马尔可夫模型可以表示为 $P^{(k)} = P(v_{i+1}|v_{i-k+1} \to \cdots \to v_i)$。由于高阶网络的数据结构与传统网络基本相同（唯一的变化是节点的标记），使得用高阶网络代替传统的一阶网络进行网络分析变得容易。

4　多层网络的统一框架及未来展望

以上综述的八种多层网络是目前多层网络研究中比较典型的模型。本质上，这些网络模型均可被统一描述为多层网络模型，其中网络的组成部分是节点，同时必须考虑到所有可能的连接层，以描述网络中的单元–单元交互作用和/或整个系统的并行功能。因此，多层网络可在统一框架下定义，并进行聚合表征、张量表征以及矩阵表征。

4.1　多层网络的统一定义

网络科学逐渐超出了单一网络的研究范式，衍生出了多个网络并行的结构，并涌现了大量关于不同类型多层网络的研究。多层网络由多个本身存在相互作用的网络层及层间互动关系组成。特别地，一个 M 层的多层网络包括 M 个不同的表征层内节点间互动关系的网络及 $M(M-1)/2$ 个表征不同层间节点互动关系的耦合网络。

4.2　多层网络的聚合表征

多层网络概念的引入对现有网络科学的研究范式提出了新的要求，在此情景下，如何合理有效地表征多层网络成为众多网络科学研究者首要的研究目标。Battiston 等[78]探索性地提出了多层网络的聚合表征方式，将多层网络聚合为单层，着重量化节点在每一层网络中参与程度、基于节点可达性和三元组闭合考察每个节点对整个网络效率的重要性。

多层网络可以定义为各层邻接矩阵的向量 $A = \{A^{[1]}, A^{[2]}, \cdots, A^{[L]}\}$（针对无权网络）或 $W = \{W^{[1]}, W^{[2]}, \cdots, W^{[L]}\}$（针对加权网络），其中 L 表示多层网络的层数。对于无权的多重网络，其聚合邻接矩阵 $X = \{a_{ij}\}$ 的表达形式为

$$a_{ij} = \begin{cases} 1, & \alpha : a_{ij}^{[\alpha]} = 1 \\ 0, & 其他 \end{cases}$$

其中，α 为多重网络的层 α；$a_{ij}^{[\alpha]}$ 为节点 i 和节点 j 在 α 层上存在关系。若节点 i 与节点 j 在至少任意一层上是相互连接的，则 $a_{ij} = 1$，否则为 0。对于加权的多重网络，其聚合邻接矩阵 $X = \{a_{ij}\}$ 的表达形式为

$$a_{ij} = \begin{cases} 1, & \alpha : w_{ij}^{[\alpha]} > 0 \\ 0, & 其他 \end{cases}$$

其中，$w_{ij}^{[\alpha]}$ 为层 α 中节点 i 与节点 j 之间联系的权重。

这种方法将多个层次的信息压缩到单个层次，简化了多层网络的复杂性，但这种简化是以丢失节点链接所在的层信息为代价，使得聚合邻接矩阵与相应的网络聚合度量往往无法检测到多重网络的关键结构特征。

4.3 多层网络的张量表征

张量表征为充分体现多层网络蕴含的信息提供了良好的工具。给定一个包含 N 个元素的集合，其中 $n_i(i = 1, 2, \cdots, N)$ 为向量空间 $\mathbb{R}^N$ 中的一个规范化的向量，即 $e_i \equiv (0, \cdots, 0, 1, 0, \cdots, 0)^T$，是 n_i 对应的列向量，T 表示转置运算符。e_i 中的第 i 个元素为 1，其余元素均为 0。

给定网络中的节点 n_i，可以用张量积 $\mathbb{R}^N \otimes \mathbb{R}^N = \mathbb{R}^{N \times N}$（又称为 Kronecker product）表示节点之间的关系[79]。二阶（rank-2）规范张量被定义为 $E_{ij} = e_i \otimes e_j^T (i, j = 1, 2, \cdots, N)$。因此，如果用 w_{ij} 表示节点 n_i 与节点 n_j 之间的关系强度，那么这个关系的张量形式可以表示为

$$W = \sum_{i,j=1}^{N} w_{ij} E_{ij} = \sum_{i,j=1}^{N} w_{ij} e_i \otimes e_j^T, W \in \mathbb{R}^N \otimes \mathbb{R}^N$$

若节点 n_i 到 n_j 的关系强度与节点 n_j 到 n_i 的关系强度不同，则上式可以用来表征有向网络中的节点关系。

在网络科学的背景下，W 是一个包含 N 个节点 n_i 的系统的标准图，被称为邻接张量（adjacency tensor）。使用 Ricci 和 Levi-Civita[80]介绍的协变符号，邻接张量 W 也可以表示为规范化的张量的线性组合：

$$W_\alpha^\beta = \sum_{i,j=1}^{N} w_{ij} e^\alpha(i) e_\beta(j) = \sum_{i,j=1}^{N} w_{ij} E_\beta^\alpha(ij)$$

其中，$e^\alpha(i)$ 为 $\mathbb{R}^N$ 中第 i 个反变规范化向量 e_i 的第 α 个分量；$e_\beta(j)$ 为 $\mathbb{R}^N$ 中第 j 个协变规范化向量的第 β 个分量；$E_\beta^\alpha(ij)$ 为分配给节点 n_i 和 n_j 的规范向量的张量积（即 E_{ij}）。

至此，我们为单层网络构建了邻接张量的表征方式，这种方法也可以被引申到多层网络情景下。如果将一个更一般的系统表示为一个 L 层的多层网络，其中每种类型的关系都包含在系统的单个层次 $\tilde{k}(k = 1, 2, \cdots, L)$ 中。$W_\beta^\alpha(\tilde{k})$ 表示第 k 层的层内邻接张量。若层 $\tilde{h}$ 的节点 n_i 与层 $\tilde{k}$ 的节点 n_j 相连，则层间的邻接张量表示为 $C_\beta^\alpha(\tilde{h}\tilde{k})$。特别地，$C_\beta^\alpha(\tilde{h}\tilde{k}) = W_\beta^\alpha(\tilde{k})$。因此，多层网络的邻接张量可以表示为张量积的形式：

$$M_{\beta\tilde{\delta}}^{\alpha\tilde{\gamma}} = \sum_{\tilde{h},\tilde{k}=1}^{L} C_{\beta}^{\alpha}(\tilde{h}\tilde{k}) E_{\tilde{\delta}}^{\tilde{\gamma}}(\tilde{h}\tilde{k}) = \sum_{\tilde{h},\tilde{k}=1}^{L} \left[\sum_{i,j=1}^{N} w_{ij}(\tilde{h}\tilde{k}) E_{\beta}^{\alpha}(ij) \right] E_{\tilde{\delta}}^{\tilde{\gamma}}(\tilde{h}\tilde{k})$$

$$= \sum_{\tilde{h},\tilde{k}=1}^{L} \sum_{i,j=1}^{N} w_{ij}(\tilde{h}\tilde{k}) \varepsilon_{\beta\tilde{\delta}}^{\alpha\tilde{\gamma}}(ij\tilde{h}\tilde{k})$$

其中，$w_{ij}(\tilde{h}\tilde{k})$ 为实数，表示 $\tilde{h}$ 层节点 n_i 与 $\tilde{k}$ 层节点 n_j 间的关系强度（可能不是对称的）；$E_{\tilde{\delta}}^{\tilde{\gamma}}(\tilde{h}\tilde{k}) = e^{\tilde{\gamma}}(\tilde{h}) e_{\tilde{\delta}}(\tilde{k})$ 为向量空间 $\mathbb{R}^{L \times L}$ 的规范基；$\varepsilon_{\beta\tilde{\delta}}^{\alpha\tilde{\gamma}}(ij\tilde{h}\tilde{k}) \equiv e^{\alpha}(i) e_{\beta}(j) e^{\tilde{\gamma}}(\tilde{h}) e_{\tilde{\delta}}(\tilde{k})$ 为向量空间 $\mathbb{R}^{N \times N \times L \times L}$ 中规范基的 4 阶张量。

通常，为了计算的方便，将张量进行矩阵化（matricization）[也称为展开（unfolding）或扁平化（flattening）]是十分重要的。如 $M_{\beta\tilde{\delta}}^{\alpha\tilde{\gamma}}$ 中的元素可以转化为一个 $N^2 \times L^2$ 或者 $NL \times NL$ 的矩阵。

4.4 多层网络的矩阵表征

邻接矩阵是刻画单层网络中节点及其相互作用的重要工具，这种建模方法可以很自然地扩展至多层网络，同时矩阵相关的工具、方法和理论结果也为多层网络的结构与功能研究提供了便利。多层网络的矩阵表达也被称为超邻接矩阵或者分块矩阵。

一个单层网络可以用 $G = (X, E)$ 表示，其中 X 为网络中节点的集合，E 表示网络中节点之间联系的集合。同理，一个多层网络包含了 L 个单层网络及其层间节点之间的联系，可以表示为 $M = (G, C)$。其中 $G = \{G_\alpha; \alpha \in \{1, 2, \cdots, L\}\}$，由一组单层网络构成，每个网络表示为 $G_\alpha = (X_\alpha, E_\alpha)$。$C = \{E_{\alpha\beta} \subseteq X_\alpha \times X_\beta; \alpha, \beta \in \{1, 2, \cdots, L\}, \alpha \neq \beta\}$，其中包含了不同层之间节点之间的相互作用。$E_\alpha$ 的元素称为层内链接（intralayer connections），$E_{\alpha\beta}$ 的元素称为层间链接（interlayer connections）。

具体来说，多层网络中的层 α 表示为 $G_\alpha = (X_\alpha, E_\alpha)$，其中 $X_\alpha = \{x_1^\alpha, x_2^\alpha, \cdots, x_{N_\alpha}^\alpha\}$ 为层 α 的节点集合。层 α 的邻接矩阵为 $A^{[\alpha]} = (a_{ij}^\alpha) \in \mathbb{R}^{N_\alpha \times N_\alpha}$，其中 a_{ij}^α 可以表示为

$$a_{ij}^\alpha = \begin{cases} 1, & (x_i^\alpha, x_j^\alpha) \in E_\alpha \\ 0, & \text{其他} \end{cases}$$

与层间链接 $E_{\alpha\beta}$ 相对应的层间邻接矩阵为 $A^{[\alpha,\beta]} = (a_{ij}^{\alpha\beta}) \in \mathbb{R}^{N_\alpha \times N_\beta}$，其中 $a_{ij}^{\alpha\beta}$ 可以表示为

$$a_{ij}^{\alpha\beta} = \begin{cases} 1, & (x_i^\alpha, x_j^\beta) \in E_{\alpha\beta} \\ 0, & \text{其他} \end{cases}$$

根据上述定义，多层网络的超邻接矩阵或分块矩阵可被定义为

$$\overline{A} = \begin{pmatrix} A_1 & I_N & \cdots & I_N \\ I_N & A_2 & \cdots & I_N \\ \vdots & \vdots & & \vdots \\ I_N & I_N & \cdots & A_L \end{pmatrix} \in \mathbb{R}^{NL \times NL}$$

与使用邻接张量相比，在面对节点非齐性的多层网络时，使用超邻接矩阵表征多层网络的过程中不需要添加空节点。但与此同时，使用超邻接矩阵会损失多层网络中某些方面的信息[81]。

随着网络科学理论的深入发展以及计算机技术的日趋强大，今后在理论上考虑现实复杂系统的更多细微方面并纳入多层网络建模框架将会成为必然。未来也可基于同时考虑结构性质、系统层次属性、时间特性、多元关系、间接依赖关系以及其他新兴复杂性维度中两个及以上的多方综合视角，构建出更能反映复杂系统本质的复杂网络模型。例如，多路复用网络与多切片时效网络相结合的复杂网络可能更适合于分析某群体中多类关联关系的动态演变；类似地，若考虑该群体多元关联关系的动态演进，可能需要将超网络与多切片时效网络结合起来。然而，如何选择一个既不过于复杂又能解决实际问题的最佳网络模型是一个重要的研究方向。此外，多层网络上的功能与效率研究也将是重要的研究课题。因此，未来研究可在这些方面深入探索。

参考文献

[1] Boccaletti S，Latora V，Moreno Y，et al. Complex networks：structure and dynamics[J]. Physics Reports，2006，424（4/5）：175-308.

[2] Wasserman S，Faust K. Social Network Analysis：Methods and Applications（Structural Analysis in the Social Sciences）[M]. Cambridge：Cambridge University Press，1994.

[3] Guimerà R. "Networks" is different[C]//Newman M E J. Networks：An Introduction[M]. Oxford：Oxford University Press，2012.

[4] Watts D J，Strogatz S H. Collective dynamics of 'small-world' networks[J]. Nature，1998，393（6684）：440-442.

[5] Barabási A，Albert R. Emergence of scaling in random networks[J]. Science，1999，286：509-512.

[6] Bollobás B. Modern Graph Theory[M]. New York：Springer，1998.

[7] Porter M. Small-world network[J]. Scholarpedia，2012，7（2）：1739.

[8] Clauset A，Shalizi C R，Newman M E J. Power-law distributions in empirical data[J]. Siam Review，2009，51（4）：661-703.

[9] Lancichinetti A，Kivelä M，Saramäki J，et al. Characterizing the community structure of complex networks[J]. PLoS ONE，2010，5（8）：e11976.

[10] Newman M E J. Analysis of weighted networks[J]. Physical Review E，2004，70（5）：056131.

[11] Barrat A，Barthélemy M，Pastor-Satorras R，et al. The architecture of complex weighted networks[J]. Proceedings of the National Academy of Sciences，2004，101（11）：3747-3752.

[12] Holme P，Saramäki J. Temporal Networks[J]. Physics Reports，2012，519（3）：97-125.

[13] Mincheng W，Shibo H，Yongtao Z，et al. A tensor-based framework for studying eigenvector multicentrality in multilayer networks[J]. Proceedings of the National Academy of Sciences，2019，116（31）：15407-15413.

[14] Boccaletti S，Bianconi G，Criado R，et al. The structure and dynamics of multilayer networks[J]. Physics Reports，2014，544（1）：1-122.

[15] Szell M，Lambiott R，Thurner S. Multirelational organization of large-scale social networks in an online world[J].

Proceedings of the National Academy of Sciences, 2010, 107 (31): 13636-13641.

[16] Lancichinetti A, Fortunato S. Consensus clustering in complex networks[J]. Scientific Reports, 2012, 2 (1): 1-7.

[17] Magnani M, Micenkova B, Rossi L. Combinatorial analysis of multiple networks[J]. Computer Science, 2013, 1303: 1-17.

[18] Cardillo A, Gómez-Gardeñes J, Zanin M, et al. Emergence of network features from multiplexity[J]. Scientific Reports, 2012, 3 (1): 1344.

[19] De Domenico M, Sole-Ribalta A, Gomez S, et al. Navigability of interconnected networks under random failures[J]. Proceedings of the National Academy of Sciences, 2014, 111 (23): 8351-8356.

[20] Brummitt C D, D'Souza R M, Leicht E A. Suppressing cascades of load in interdependent networks[J]. Proceedings of the National Academy of Sciences, 2012, 109 (12): 4345-4346.

[21] Barigozzi M, Fagiolo G, Garlaschelli D. Multinetwork of international trade: a commodity-specific analysis[J]. Physical Review E, 2010, 81 (4): 1-23.

[22] Bargigli L, Di Iasio G, Infante L, et al. The multiplex structure of interbank networks[J]. Quantitative Finance, 2015, 15 (4): 673-691.

[23] Bargigli L, Iasio G D, Infante L, et al. Interbank markets and multiplex networks: centrality measures and statistical null models[EB/OL]. https://link.springer.com/chapter/10.1007/978-3-319-23947-7_11[2022-05-20].

[24] Yu Q, Yu Z, Ma D. A multiplex network perspective of innovation diffusion: an information-behavior framework[J]. IEEE Access, 2020, 8: 36427-36440.

[25] Wang J, Guo Q, Yang G, et al. Improved knowledge diffusion model based on the collaboration hypernetwork[J]. Physica A: Statistical Mechanics and Its Applications, 2015, 428: 250-256.

[26] Brennecke J, Rank O. The firm's knowledge network and the transfer of advice among corporate inventors—A multilevel network study[J]. Research Policy, 2017, 46 (4): 768-783.

[27] Cantini L, Medico E, Fortunato S, et al. Detection of gene communities in multi-networks reveals cancer drivers[J]. Scientific Reports, 2015, 5 (1): 1-10.

[28] Bennett L, Kittas A, Muirhead G, et al. Detection of composite communities in multiplex biological networks[J]. Scientific Reports, 2015, 5: 1-12.

[29] Michoel T, Nachtergaele B. Alignment and integration of complex networks by hypergraph-based spectral clustering[J]. Physical Review E, 2012, 86 (5): 1-14.

[30] Nicosia V, Latora V. Measuring and modeling correlations in multiplex networks[J]. Physical Review E, 2015, 92 (3): 1-20.

[31] Bullmore E, Sporns O. Complex brain networks: graph theoretical analysis of structural and functional systems[J]. Nature Reviews Neuroscience, 2009, 10 (3): 186-198.

[32] Kéfi S, Miele V, Wieters E A, et al. How structured is the entangled bank? The surprisingly simple organization of multiplex ecological networks leads to increased persistence and resilience[J]. PLoS Biology, 2016, 14 (8): 1-21.

[33] Kéfi S, Berlow E L, Wieters E A, et al. Network structure beyond food webs: mapping non-trophic and trophic

interactions on Chilean rocky shores[J]. Ecology, 2015, 96 (1): 291-303.

[34] Melián C J, Bascompte J, Jordano P, et al. Diversity in a complex ecological network with two interaction types[J]. Oikos, 2010, 118 (1): 122-130.

[35] Yamasaki K, Gozolchiani A, Havlin S. Climate networks around the globe are significantly effected by El Niño[J]. Physical Review Letters, 2008, 100 (22): 228501.

[36] Feng A, Gong Z, Wang Q, et al. Three-dimensional air-sea interactions investigated with bilayer networks[J]. Theoretical and Applied Climatology, 2012, 109 (3/4): 635-643.

[37] Mucha P J, Richardson T, Macon K, et al. Community structure in time-dependent, multiscale, and multiplex networks[J]. Science, 2010, 328 (5980): 876-878.

[38] Solá L, Romance M, Criado R, et al. Eigenvector centrality of nodes in multiplex networks[J]. Chaos, 2013, 23 (3): 1-10.

[39] Berlingerio M, Pinelli F, Calabrese F. ABACUS: frequent pAttern mining-BAsed Community discovery in mUltidimensional networkS[J]. Data Mining and Knowledge Discovery, 2013, 27 (3): 294-320.

[40] Buldyrev S V, Parshani R, Paul G, et al. Catastrophic cascade of failures in interdependent networks[J]. Nature, 2010, 464 (7291): 1025-1028.

[41] Gao J, Buldyrev S V, Stanley H E, et al. Networks formed from interdependent networks[J]. Nature Physics, 2012, 8 (1): 40-48.

[42] Donges J F, Schultz H, Marwan N, et al. Investigating the topology of interacting networks[J]. The European Physical Journal B, 2011, 84 (4): 635-651.

[43] Lewis K, Kaufman J, Gonzalez M, et al. Tastes, ties, and time: a new social network dataset using Facebook.com[J]. Social Networks, 2008, 30 (4): 330-342.

[44] Li W, Liu C C, Zhang T, et al. Integrative analysis of many weighted co-expression networks using tensor computation[J]. PLoS Computational Biology, 2011, 7 (6): 1-13.

[45] Kaluza P, Kölzsch A, Gastner M T, et al. The complex network of global cargo ship movements[J]. Journal of the Royal Society Interface, 2010, 7 (48): 1093-1103.

[46] Xie F, Levinson D M. Evolving Transportation Networks[M]. Berlin: Springer, 2011.

[47] Wang P, Robins G, Pattison P, et al. Exponential random graph models for multilevel networks[J]. Social Networks, 2013, 35 (1): 96-115.

[48] Lazega E, Snijders T A B. Multilevel Network Analysis for the Social Sciences[M]. Berlin: Springer, 2016.

[49] Kempe D, Kleinberg J, Kumar A. Connectivity and inference problems for temporal networks[J]. Journal of Computer System Sciences, 2002, 64 (4): 820-842.

[50] Bassett D S, Porter M A, Wymbs N F, et al. Robust detection of dynamic community structure in networks[J]. Chaos, 2013, 23 (1): 1-17.

[51] Estrada E, Rodríguez-Velázquez J A. Subgraph centrality and clustering in complex hyper-networks[J]. Physica A: Statistical Mechanics & Its Applications, 2006, 364: 581-594.

[52] Criado R, Romance M, Vela-Pérez M. Hyperstructures, a new approach to complex systems[J]. International Journal of Bifurcation and Chaos, 2010, 20（3）: 877-883.

[53] Xu J, Wickramarathne T L, Chawla N V. Representing higher order dependencies in networks[J]. Science Advances, 2016, 2（5）: 1-10.

[54] Lambiotte R, Rosvall M, Scholtes I. From networks to optimal higher-order models of complex systems[J]. Nature Physics, 2019, 15（4）: 313-320.

[55] Huang W, Ribeiro A. Metrics in the space of high order networks[J]. IEEE Transactions on Signal Processing, 2016, 64（3）: 615-629.

[56] Nian F, Yu X, Cao J, et al. Phase transition in information propagation on high-order networks[J]. International Journal of Modern Physics B, 2020, 34（21）: 1-25.

[57] 李佳旭, 蔡梦思, 谭索怡, 等. 基于引文大数据的高阶网络建模及信息增益比较研究[J]. 系统科学与数学, 2021, 41（10）: 2763-2775.

[58] Cozzo E, De Arruda G F, Rodrigues F A, et al. Multiplex networks: basic definition and formalism[J]. Multiplex Networks, 2018: 7-20.

[59] Berlingerio M, Coscia M, Giannotti F, et al. Foundations of multidimensional network analysis[J]. International Conference on Advances in Social Networks Analysis and Mining, 2011: 12192112.

[60] Coscia M, Rossetti G, Pennacchioli D, et al."You Know Because I Know": a multidimensional network approach to human resources problem[R]. IEEE/ACM International Conference on Advances in Social Networks, 2013.

[61] Berlingerio M, Coscia M, Giannotti F, et al. Multidimensional networks: foundations of structural analysis[J]. World Wide Web, 2013, 16（5/6）: 567-593.

[62] Almoghathawi Y, González A D, Barker K. Exploring recovery strategies for optimal interdependent infrastructure network resilience[J]. Networks & Spatial Economics, 2021, 21（1）: 229-260.

[63] Liu S, Yin C S, Chen D J, et al. Cascading failure in multiple critical infrastructure interdependent networks of syncretic railway system[J]. IEEE Transactions on Intelligent Transportation Systems, 2022, 23: 5740-5753.

[64] Danziger M M, Barabási A. Recovery coupling in multilayer networks[J]. Nature Communications, 2022, 13（1）: 1-8.

[65] Dong X, Hao X, Chen Q, et al. A distributed power transfer limit calculation method for multi-area interconnection power networks[J]. IEEE Transactions on Power Systems, 2021, 36（5）: 4723-4732.

[66] Dong X, Hao X, Wang M, et al. Power transfer limit calculation for multi-area interconnected power networks[J]. International Journal of Electrical Power & Energy Systems, 2020, 120: 105953.

[67] Snijders T A B, Baerveldt C. A multilevel network study of the effects of delinquent behavior on friendship evolution[J]. The Journal of Mathematical Sociology, 2003, 27（2/3）: 123-151.

[68] Criado R, Flores J, del Amo A G, et al. A mathematical model for networks with structures in the mesoscale[J]. International Journal of Computer Mathematics, 2012, 89（3）: 291-309.

[69] Smith M, Gorgoni S, Cronin B. International production and trade in a high-tech industry: a multilevel network

analysis[J]. Social Networks, 2019, 59（7）: 50-60.

[70] Cugmas M, Mali F, Iberna A. Scientific collaboration of researchers and organizations: a two-level blockmodeling approach[J]. Scientometrics, 2020, 125（3）: 2471-2489.

[71] Hauge A L, Hanssen G S, Flyen C. Multilevel networks for climate change adaptation - what works?[J]. International Journal of Climate Change Strategies and Management, 2019, 11（2）: 215-234.

[72] Ernesto E, Juan A, Rodrí Guez-Velázquez. Subgraph centrality and clustering in complex hyper-networks[J]. Physica A: Statistical Mechanics and Its Applications, 2006, 364: 581-594.

[73] Saebi M, Xu J, Grey E K, et al. Higher-order patterns of aquatic species spread through the global shipping network[J]. Plos One, 2020, 15（7）: e0220353.

[74] Kron G. Multidimensional curve-fitting with self-organizing automata[J]. Journal of Mathematical Analysis Applications, 1962, 5（1）: 46-69.

[75] Liu X M, Stanley H E, Gao J X. Breakdown of interdependent directed networks[J]. Proceedings of the National Academy of Sciences of the United States of America, 2016, 113（5）: 1138-1143.

[76] Dojat M, Ramaux N, Fontaine D. Scenario recognition for temporal reasoning in medical domains[J]. Artificial Intelligence in Medicine, 1998, 14（1/2）: 139.

[77] Feng X, He S W, Li Y B. Temporal characteristics and reliability analysis of railway transportation networks[J]. Transportmetrica A: Transport Science, 2019, 15（2）: 1825-1847.

[78] Battiston F, Nicosia V, Latora V. Structural measures for multiplex networks[J]. Physical Review E, 2014, 89（3）: 1-14.

[79] Abraham R, Marsden J E, Ratiu T. Manifolds, Tensor Analysis, and Applications[M]. Berlin: Springer, 1988.

[80] Ricci M M G, Levi-Civita T. Méthodes de calcul différentiel absolu et leurs applications[J]. Mathematische Annalen, 1900, 54（1）: 125-201.

[81] Kivelä M, Arenas A, Barthelemy M, et al. Multilayer networks[J]. SSRN Electronic Journal, 2013, 2: 203-271.

Survey of Multilayer Network Research Progress from the Perspective of Complexity Dimensions

Fang Debin[1], Yu Qian[2], Wei Zhongjun[2]

(1. School of Economics and Management, Wuhan University, Wuhan 430072, China; 2. School of Economics, Wuhan University of Technology, Wuhan 430070, China)

Abstract: In the research of complex networks, scholars have noticed that the traditional complex network model highly abstracts the real world and discards many details that play an important role in the operation of the complex world. In order to explore the laws of complex world, a variety of multilayer network models with different complex attributes are derived from different dimensions. This paper attempts to sort out the various extended forms of multilayer network models from the complexity dimensions of diversity, hierarchy, dynamicity, pluralism, and higher-order, that is, sorts out the research framework of multilayer network from the aspects of diversity of structure (nodes and links), hierarchy of system, time attribute of network formation, pluralism of network relations, indirect higher-order dependence of inter-node relationships and so on. Finally, a unified multilayer network framework is presented, and the construction of multilayer network in the future is prospected.

Keywords: complex network; multilayer network; complexity dimensions

复杂科学管理未来的发力点——文献计量视角下五类组织管理问题研究趋势分析[*]

刘大为[1]，余进洋[2]

（1. 宁波财经学院 工商管理学院，宁波 317315；2. 杭州电子科技大学 管理学院，杭州 310018）

摘要：作为一种新的管理思想——复杂科学管理（complexity science management，CSM）使我们对社会系统有了更全面、深刻的认识。复杂科学管理认为当前管理科学亟须解决的问题包括：组织管理的不确定性、非线性、动态性、复杂性、临界性这五种类型。了解这五类组织管理问题的研究趋势与热点有助于复杂科学管理学说的进一步发展。本文借助可视化图谱软件 VOSviewer 和 CiteSpace，以 Web of Science 核心数据库中的英文文献为数据来源，建立了与上述五类主题相关的文献数据库，以文献计量和知识图谱为主要研究方法，对国际上与五类组织管理问题相关的研究进行数据挖掘与规范化处理。结果发现：首先，最近几年与五类组织管理问题相关的研究数量呈增长趋势，说明复杂科学管理学说在组织管理研究方向的判断上具有前瞻性。其次，来自中国的文献总数量虽然位居世界第三，但论文的质量有待提高。中国出版物的数量和学术影响力之间的不匹配是中国学者需要考虑的问题。最后，本文通过共被引分析和聚类分析分别归纳出五类组织管理问题的前沿、热点和趋势，这可能是未来学者运用复杂科学管理思想解决管理科学问题的发力点。

关键词：复杂科学管理；组织管理；知识图谱；文献计量；演化路径

1 引言

我们身处知识经济时代，但我们的管理和治理体系仍停留在工业时代，是时候换一种全新的方式了[1]。在 21 世纪，许多以管理为名的教学和实践所依据的基本假设已经无法适应全球化、知识化、复杂化的时代特征。Drucker[2]更是断言："我们关于商业、技术和组织的大多数假设

---

[*] 基金项目：本论文为国家社会科学基金项目（20BZZ085）研究成果。

作者简介：刘大为，男，（1974—），辽宁绥中人，宁波财经学院教授、硕士生导师，主要研究方向：管理科学与工程、高等教育研究。余进洋，男，（1998—），河南许昌人，杭州电子科技大学硕士研究生，主要研究方向：管理科学与工程。

至少有 50 年的历史。它们已经过时了。"当今时代，组织正面临着由全球化和技术革命驱动的复杂的竞争格局。在此背景下，在《复杂科学管理》一书中，徐绪松[3]首次从管理学研究对象的转变与思维、管理方式、观念和研究方法四个层面的变革对复杂科学管理这一思想进行了系统的阐述。复杂科学管理认为当前管理科学需要解决的问题包括：组织管理的不确定性、非线性、动态性、复杂性、临界性这五种类型[4]。这也是迄今为止众多学者所关注的管理问题，但现有研究始终没有形成一个完整的体系。复杂科学管理的方法论是定性定量结合的方法论，它是以问题为导向，通过定性分析把握问题的整体结构，再通过定量分析研究事物所具有的度，将定量的结论进行定性归纳，从而形成一个解决问题的闭环[3]。复杂科学管理方法论是针对组织管理的不确定性、非线性、动态性、复杂性和临界性而提出的。然而，这些年来，有关这五类问题的研究趋势是怎么样的？当前学者对上文所提及的组织管理的五类问题的研究重心是什么？研究文献的年度分布、期刊分布、研究内容、研究热点和研究阶段是什么？未来这五类组织管理问题的研究会向哪方面侧重？通过解答这些问题有助于复杂科学管理学说的进一步发展。

文献计量学可以通过应用定量分析和统计来描述学术出版物的趋势及其引用次数，为上述问题来提供答案。在 CiteSpace、UCINET、VOSviewer 等软件的帮助下，研究者能够绘制研究所需要分析的文献的概貌图，识别领域的热点问题，评估相关领域的研究趋势。它已被广泛用于评估与组织管理相关领域的研究趋势，如知识管理[5]、应急管理[6]和供应链管理[7]等。

本文采用文献计量学的方法，以 Web of Science（汤森路透公司）为数据来源，对检索与组织管理的不确定性、非线性、动态性、复杂性和临界性的相关文献进行分析。本文可以帮助未来研究复杂科学管理的学者确定研究方向，推动组织管理研究领域的进一步发展。

2 研究数据与方法

2.1 数据来源与检索方式

我们在 Web of Science 的科学引文索引扩展版（science citation index expanded，SCI-E）和社会科学引文索引（social sciences citation index，SSCI）中对 2007～2021 年的文献进行了检索。我们的研究主要是针对组织管理的不确定性、非线性、动态性、复杂性和临界性的相关文献 15 年来的发展。因此我们把检索时间限制在近 15 年。

为了避免新文献的发布和引用率的变动，所有的数据收集环节都是在 2021 年 12 月 7 日进行的，我们将检索日期限制在 2007 年 1 月 1 日至 2021 年 12 月 6 日。

对于组织管理的不确定性相关文献的检索，我们使用了以下搜索关键词：（TS=（Organizational Management）AND TS=（Uncertainty））AND Language：English。文献类型包括期刊论文和综述。最后共有 1527 篇符合要求的文献被纳入本文的文献计量范畴中。

对于组织管理的非线性相关文献的检索，我们使用了以下搜索关键词：（TS=（Organizational

Management）AND TS=（Nonlinear））AND Language：English OR（TS=（Organizational Management）AND TS=（Heterogeneity））AND Language：English。文献类型包括期刊论文和综述。最后共有 588 篇符合要求的文献被纳入本文的文献计量范畴中。

对于组织管理的动态性相关文献的检索，我们使用了以下搜索关键词：（TS=（Organizational Management）AND TS=（Dynamic））AND Language：English。文献类型包括期刊论文和综述。最后共有 4413 篇符合要求的文献被纳入本文的文献计量范畴中。

对于组织管理的复杂性相关文献的检索，我们使用了以下搜索关键词：（TS=（Organizational Management）AND TS=（Complexity））AND Language：English。文献类型包括期刊论文和综述。最后共有 1894 篇符合要求的文献被纳入本文的文献计量范畴中。

对于组织管理的临界性相关文献的检索，我们使用了以下搜索关键词：（TS=（Organizational Management）AND TS=（Critical Conditions））AND Language：English OR（TS=（Organizational Management）AND TS=（Crisis））AND Language：English。文献类型包括期刊论文和综述。最后共有 1450 篇符合要求的文献被纳入本文的文献计量范畴中。

2.2 数据收集

数据是由两位作者从检索到的文献中提取的。我们将收集到的数据以 TXT 格式导入 Microsoft Excel 2013、VOSviewer 和 Ctiespace，对数据进行定量和定性分析。

2.3 统计方法

我们使用 Web of Science 自带的文献分析功能来分析国家和地区、时间、作者、机构、引文频率和 H 指数等指标。

VOSviewer 被用来分析高被引文献之间的关系，它经常被用于文献计量学的制图工作中[8]。

CiteSpace V.5.8.R3 被用来生成关键词共现网络、突现图谱和聚类图谱，并分析该领域的研究前沿。

3 研究结果

3.1 五类组织管理相关研究的发文趋势

总体上，五类研究的发文总量呈逐年递增的趋势，其单年发文量在 2020 年达到顶峰（N=1014）。将文献按类别分开统计，同样得到相似的发文趋势（图 1），单年发文量均在 2020 年达到顶峰。这说明最近几年，组织管理领域的学者逐步将目光放在了组织管理的临界性、复杂性、动态性、非线性和不确定性的相关问题上，这与复杂科学管理方法论欲重点解决的问题不谋而合。

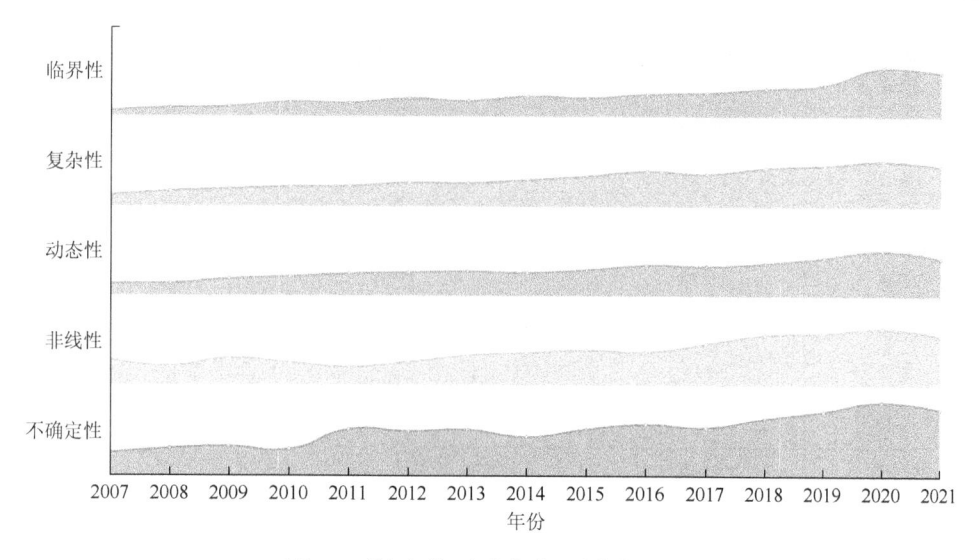

图1 五类组织管理问题相关研究的发文趋势

3.2 起主要贡献的国家和地区

5种检索策略共有8611篇文献被纳入文献计量工作中，其中有8027篇期刊论文和584篇综述论文。整体来看，美国发表的论文最多（2866，33.28%），其次是英国（1182，13.73%）和中国（805，9.35%）。文献发布数量前三的国家对于组织管理的动态性保持了较高水平的关注度（N=1383，660，443），而对于组织管理的非线性问题的关注度则相对较低（N=259，61，58）。此外，加拿大、澳大利亚和德国对本文所讨论的五类组织管理的相关领域也做出了较大贡献，其发文量都在500篇以上（分别是627篇、569篇和521篇）。

3.3 引用频次和H指数分析

根据Web of Science数据库的分析，总体上，自2007年以来所有与组织管理的五类问题有关的文献共被引用了266 982次（去除自引250 579次）。每篇论文的平均引用频率为31次。美国排名第一，文章被引用次数为127 934次（去除自引124 960次），占总引用次数的47.92%，H指数为155。英国排名第二，文章被引用次数为42 631次（去除自引41 943次），占总被引用次数的15.97%，H指数为93。加拿大排名第三，文章被引用次数为26 273次（去除自引26 093次），占总被引用次数的9.84%，H指数为80。虽然中国的论文数量排在第三位，但引用频次和H指数均排在第4位（表1）。此外，值得注意的是，在发文量前10位的国家中，中国学者的文章的平均引用量（N=25.22）仅微微高于意大利（N=25.15），这说明在组织管理的研究领域中中国学者的发文量虽然提了上去，但是其话语权并没有与发文量相匹配。

表1 发文量前10的国家的文献被引用情况

国家	总引用量/次	去除自引/次	平均引用量/次	H指数
美国	127 934	124 960	44.64	155
英国	42 631	41 943	36.07	93
加拿大	26 273	26 093	41.90	80
中国	20 304	20 019	25.22	70
德国	17 837	17 686	34.24	62
荷兰	17 183	17 050	37.93	68
澳大利亚	15 694	15 554	27.58	63
西班牙	13 908	13 674	28.80	62
法国	12 639	12 500	29.26	59
意大利	11 015	10 875	25.15	55

3.4 机构分布

发表论文最多的机构是伦敦大学（N=162），占总计量文献数的1.88%。在发文量前20名的机构名单中，有11家美国机构，4家英国机构，2家加拿大机构，1家丹麦机构，1家荷兰机构和1家芬兰机构。尽管中国的发文量高居世界第三，但来自中国的大学并没有形成有影响力的研究团体在世界范围内造成持续影响。上榜机构的出版物占所有计量数据库中文献的22.29%（图2）。

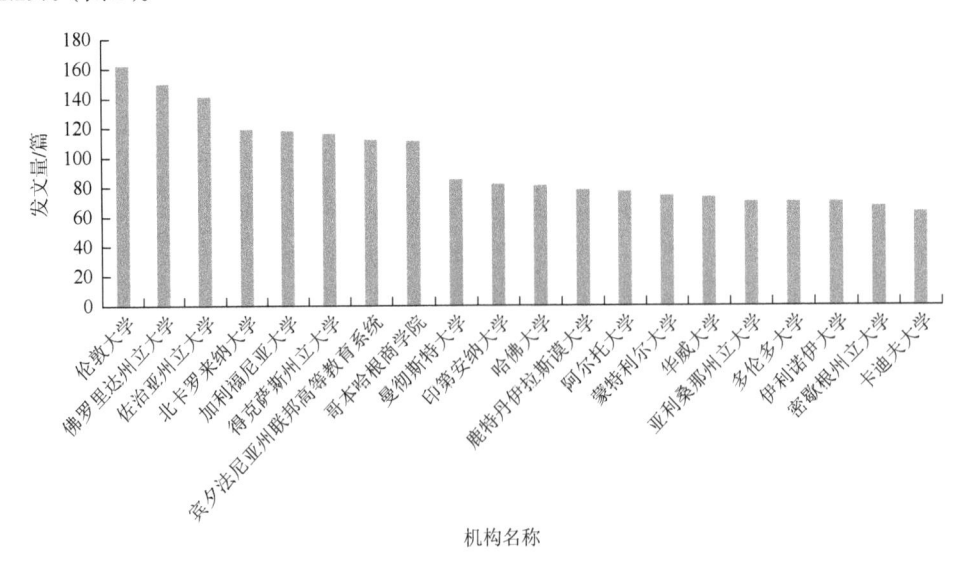

图2 发文量排名前20的机构

针对组织管理的临界性、非线性和不确定性的问题，佛罗里达州立大学的学者发表了数量最多的论文（分别 N=35，N=19，N=31）；针对组织管理的复杂性和动态性的问题，伦敦大学的学者发表了数量最多的论文（分别 N=36，N=83）。此外，佐治亚州立大学的学者对组织管理非线性的问题保持了较高的关注度，其发文量与佛罗里达州立大学的发文量一样。未来计划研究组织管理问题[①]的中国学者可以优先考虑与上述三所大学进行学术交流。

3.5 已发表期刊的分布情况

超过五分之一的论文发表在发文量前 20 名的期刊上（N=1884，21.88%）。*Sustainability*（IF=3.251）[②]发表的论文最多，其数量高达 188 篇。发文量前 20 的期刊中，IF 值最高的期刊是 *Journal of Management*（IF=11.790），其发文量为 81 篇。表 2 显示了发文量前 20 的期刊以及它们的 IF 值，未来研究组织管理问题的相关学者可以重点跟进这些期刊。

表 2 发文量前 20 的期刊以及它们的 IF 值

期刊名称	发文量/篇	IF
Sustainability	188	3.251
Journal of Business Research	138	7.550
Journal of Knowledge Management	120	8.182
Organization Science	117	5.000
Journal of Organizational Change Management	116	2.293
Management Decision	116	4.957
Journal of Business Ethics	94	6.430
Journal of Cleaner Production	93	7.246
International Journal of Human Resource Management	88	5.546
Organization Studies	88	6.306
Journal of Management	81	11.790
International Journal of Project Management	79	7.172
Strategic Management Journal	79	8.641
International Journal of Production Economics	73	7.885
Industrial Marketing Management	72	6.960
Journal of Management Studies	71	7.388
Safety Science	71	4.877
Journal of Product Innovation Management	69	6.987
Human Relations	67	5.732
International Journal of Operations & Production Management	64	6.629

---

① 本文提及的组织管理问题均特指与组织管理的临界性、非线性、不确定性、动态性和复杂性相关的问题。

② 本文出现的 IF（impact factor，影响因子）值均以 2020 年的统计指标为准。

3.6 高产作者分析

发文量前 10 的作者共发表了 144 篇与组织管理问题相关的论文。在本文的数据库中，Yongyi Li 发表的论文数量最多（$N=16$），其次是 Stewart Clegg、Shivam Gupta 和 Henk W. Volberda，这三位作者都发表了 15 篇与组织管理问题相关的论文。表 3 展示了排行前 10 的高产作者及其代表作的详细信息。

表 3 排行前 10 的高产作者及其代表作

作者名称	发文量	工作机构	代表作（以第一作者或通信身份被引用最多的文献）
Yongyi Li	16	山东大学	The impact of product complexity and variety on supply chain integration
Stewart Clegg	15	悉尼科技大学	The transformative power of network dynamics: a research agenda
Shivam Gupta	15	诺欧商学院	Role of cloud erp on the performance of an organization: contingent resource-based view perspective
Henk W. Volberda	15	阿姆斯特丹大学	Absorbing the concept of absorptive capacity: how to realize its potential in the organization field
Nicolai J Foss	14	哥本哈根商学院	Linking customer interaction and innovation: the mediating role of new organizational practices
Sangmook Kim	14	首尔科技大学	National culture and public service motivation: investigating the relationship using hofstede's five cultural dimensions
Yi Liu	14	中南财经政法大学	Unpacking knowledge management practices in China: do institution, national and organizational culture matter?
Joseph Sarkis	14	汉肯经济学院	Determining and applying sustainable supplier key performance indicators
Yi Wang	14	西南财经大学	It capability and organizational performance: the roles of business process agility and environmental factors
Angappa Gunasekaran	13	宾夕法尼亚州立大学	Sustainable industry 4.0 framework: a systematic literature review identifying the current trends and future perspectives

3.7 引文分析

参考文献分析是文献计量学的重要分析指标之一，本文采用 VOSviewer 软件分别对数据库五类论文的参考文献进行分析。引文分析可以将文献体系中孤立的文献联系起来，通过文献间的相互引用归纳总结出最重要的研究成果，帮助我们了解相关领域的研究趋势与热点。

3.7.1 组织管理不确定性的引文分析

我们选取了组织管理不确定性的文献数据库中被引用大于等于 20 次的前 181 篇参考文献进行分析（该数据库的引文总量为 80 711 篇）。这 181 篇文献被分为 3 个群组[图 3（a）]。第一组由左下部分 77 篇文献组成，这些文献的研究目标主要集中在资源分配如何提升企业的竞争力上[9,10]。第二组由左上部分 64 篇文献组成，该组文献主要是对方法偏差相关的问题进行探讨[11,12]。第三组由右侧 40 篇文献组成，该组文献重点讨论了不确定性管理的相关理论以及实践意义[13,14]。

3.7.2 组织管理非线性的引文分析

我们选取了组织管理非线性的文献数据库中被引用大于等于 20 次的前 78 篇参考文献进行分析（该数据库的引文总量为 35 538 篇）。这 78 篇文献被分为 2 个群组 [图 3（b）]。第一组由左侧 44 篇文献组成，该组文献讨论了高层管理者的特质对组织绩效的影响[15,16]。第二组由右侧 34 篇文献组成，该组文献侧重于将组织作为一个整体去看待，通过梳理个人与组织的非线性关系，进而发展相关的组织管理理论模型[17,18]。

3.7.3 组织管理动态性的引文分析

我们选取了组织管理动态性的文献数据库中被引用大于等于 50 次的前 283 篇参考文献进行分析（该数据库的引文总量为 193 917 篇）。这 283 篇文献被分为 4 个群组 [图 3（c）]。第一组由左侧 144 篇文献组成，本组文献讨论了技术快速变革的环境下，企业动态能力如何实现匹配市场环境，并将其转化为独特的竞争力[19,20]。第二组由下方 58 篇文献组成，它们研究重心是战略管理中组织学习的动态趋势[10,21]。第三组由右侧 45 篇文献组成，这些文献主要为组织管理案例研究、定性分析和评价指标的建立等问题提供了理论支撑[22,23]。第四组由上方 36 篇文献组成，它们主要讨论了组织知识的动态创新[24,25]。

3.7.4 组织管理复杂性的引文分析

我们选取了组织管理复杂性的文献数据库中被引用大于等于 20 次的前 200 篇参考文献进行分析（该数据库的引文总量为 100 413 篇）。这 200 篇文献被分为 4 个群组 [图 3（d）]。第一组由上方 82 篇文献组成，这些文献的共通点是注重对团队建设（team building）的思考[26,27]。第二组由右侧 51 篇文献组成，该组文献主要是与组织制度的复杂性相关的研究以及对制度复杂性研究方法的探讨[28,29]。第三组由下方 35 篇文献组成，这些文献主要讨论了与企业竞争力相关的话题[9,17]。第四组由左侧 32 篇文献组成，这些文献主要是对方法偏差相关问题的讨论[11,12]，本组文献与组织管理不确定性的引文分析的第二组文献重合度较高。

3.7.5 组织管理临界性的引文分析

我们选取了组织管理临界性的文献数据库中被引用大于等于 20 次的前 87 篇参考文献进行分析（该数据库的引文总量为 76 095 篇）。这 87 篇文献被分为 2 个群组 [图 3（e）]。第一组由左侧 66 篇文献组成，组织的危机管理是它们的主要研究课题[30,31]。第二组由右侧 21 篇文献组成，本组被引用最多的两篇文献与不确定性的引文分析中的第二组，以及复杂性的引文分析中的第四组相同[11,12]，这说明该组文献为组织管理临界性的相关研究提供了研究方法上的理论支撑。

(a) 不确定性

(b) 非线性

(c) 动态性

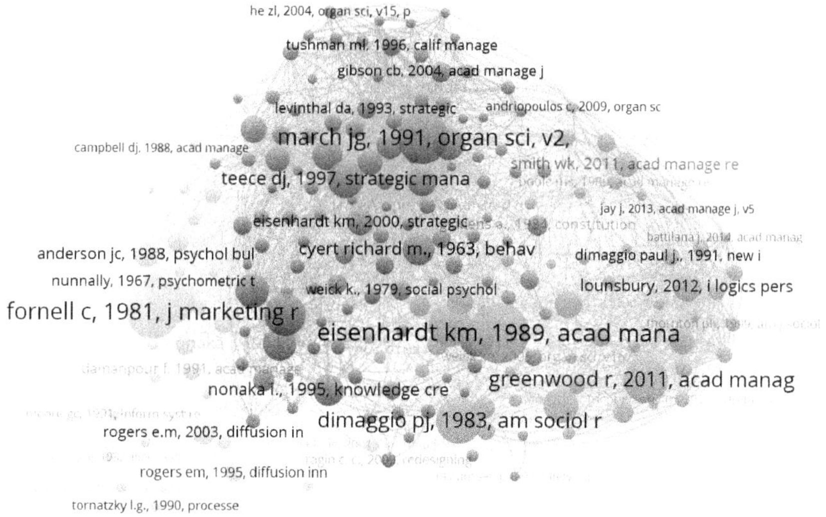

(d) 复杂性

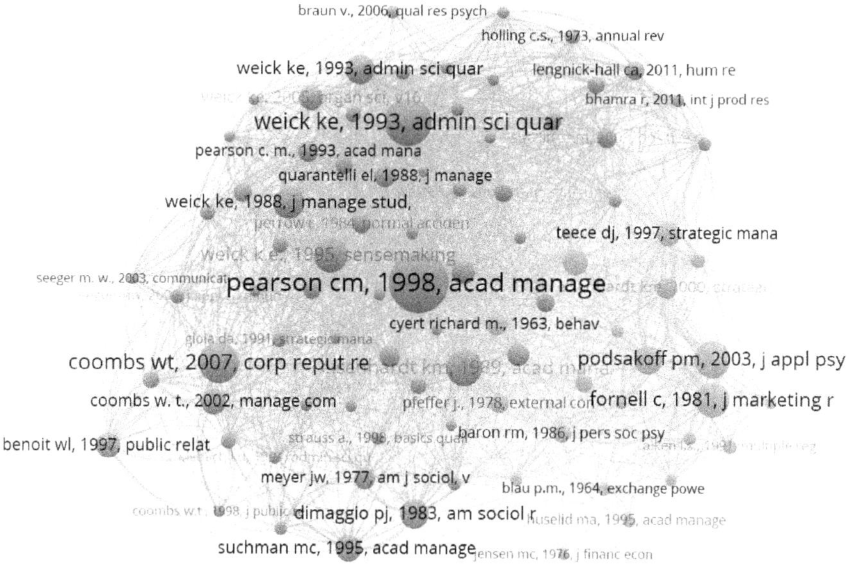

(e) 临界性

图3 组织管理不确定性、非线性、动态性、复杂性和临界性的共同引用参考文献知识图谱

由于被引用的文献数量过多，图中只包括引用次数大于等于一定数量的文献；两点之间有一条线，代表同一篇论文所引用的相应两篇论文，线越粗表示两篇论文同时被引用的次数越多

3.8 研究热点和前沿分析

本文使用 CiteSpace 软件的关键词分析功能对数据库中的文献进行分析。文献计量学经常使用关键词形成共现网络、突现图谱和聚类来确定某一研究问题的研究方向和主要热点。

3.8.1 组织管理不确定性研究热点和前沿分析

表 4 展示了本文关于组织管理不确定性的文献数据库中前 10 的关键词的中心度与共现频次的参数信息。其中，中心度是测量一个节点在整个关键词共现网络中的重要程度，中心度大于 0.1 的节点可以在一定程度上反映该领域的研究热点。如表 4 所示，管理（management）、不确定性（uncertainty）和绩效（performance）是共现频次前三位的关键词，频次分别为 425、417 和 370，这反映了该领域的研究主题。值得注意的是，表 4 中创新（innovation）的中心度是最高的，这说明学者普遍认为创新是解决组织管理不确定性问题的重要一环。

表 4 组织管理不确定性研究高频词以及共现频次

序号	关键词	中心度	共现频次
1	管理（management）	0.17	425
2	不确定性（uncertainty）	0.15	417
3	绩效（performance）	0.11	370
4	影响（impact）	0.12	82
5	模型（model）	0.09	78
6	创新（innovation）	0.19	65
7	战略（strategy）	0.05	64
8	系统（system）	0.07	59
9	企业（firm）	0.03	55
10	企业绩效（firm performance）	0.10	54

表 5 展示了文献关键词突现图谱，该图谱是 CiteSpace 软件的特有分析功能。在一定时期内，如果某关键词被使用的频次有明显上升，则可认为该关键词为突现关键词（strongest citation bursts）。其中，表 5 中强度表示关键词突现强度，开始年份和结束年份分别表示该关键词为突现关键词的时间段。由表 5 可见，动态能力（dynamic capability）的突现强度最大，为 7.84，并且至今其研究热度依然在持续。该词反映出学界就组织的动态能力相关问题保持了较高水平的关注，如动态能力的微观基础（microfoundations）[32]、企业外部环境的动态变化[33]和动态能力的知识管理实践[34]。同时，环境（environment）、中介作用（mediating role）、气候变化（climate change）和挑战（challenge）等词的突变强度较大，分别为 6.19、6.01、5.81 和 5.74，说明研究组织管理不确定性的学者较为重视外部环境和气候变化等因素带来的组织管理层面的挑战。

表 5 组织管理不确定性领域文献关键词突现排序图谱

关键词	年份	强度	开始年份	结束年份
适应（fit）	2007	4.42	2007	2011
公正（justice）	2007	4.71	2008	2013
合作（cooperation）	2007	4.33	2008	2011

续表

关键词	年份	强度	开始年份	结束年份
人力资源管理（human resource management）	2007	4.31	2009	2012
演变（evolution）	2007	4.25	2009	2011
产品开发（product development）	2007	5.42	2011	2014
复杂性（complexity）	2007	5.33	2011	2014
环境（environment）	2007	6.19	2013	2014
社会交流（social exchange）	2007	5.54	2013	2016
灵活性（flexibility）	2007	5.53	2013	2014
协作（collaboration）	2007	5.39	2014	2015
后果（consequence）	2007	5.26	2014	2016
治理（governance）	2007	5.02	2015	2019
动态能力（dynamic capability）	2007	7.84	2016	2021
气候变化（climate change）	2007	5.81	2016	2017
战略管理（strategic management）	2007	4.23	2016	2017
运营（operation）	2007	4.75	2017	2019
中介作用（mediating role）	2007	6.01	2019	2021
挑战（challenge）	2007	5.74	2019	2021
资源（resource）	2007	5.53	2019	2021

从突现时间上分析，在 2007~2012 年，学者较为重视组织内部的不确定性研究，如公正（justice）、合作（cooperation）和人力资源管理（human resource management）；2013~2016 年，外部环境与组织管理的有机结合则是当时学者研究的重点，如环境（environment）、灵活性（flexibility）和动态能力（dynamic capability）；2017 年至今，组织管理研究则是来到了一个更为微观的层面，资源的合理分配与技术发展带来的挑战是学术界的研究热点，如中介作用（mediating role）、挑战（challenge）和资源（resource）。

CiteSpace 聚类分析功能可以帮助确定组织管理不确定性的研究趋势与进展。具体地，将数据库中关系紧密的主题关键词进行聚类，通过对同一聚类中的最大值加上标签，作为该类别的代表进行解析。操作步骤主要包括：首先，对 2007~2021 年的前 50 位关键词进行切片处理和独立统计，随后合并汇总得到关键词列表；其次，运用 cosine（余弦）相似性计算各节点之间的连接强度；最后，利用剪枝算法 Pathfinder，按时间片对关键词进行聚类分析，确定最有代表性的聚类图谱[①]。

组织管理不确定性的聚类图谱显示，聚类模块值 Q（modularity Q）为 0.3616，一般认为 $Q>0.3$ 意味着聚类结构显著。聚类平均轮廓值 S（silhouette S）为 0.7029，一般认为 $S>0.5$

---

① 下文的关键词聚类方式均与本小节相同，故在接下来的章节不再赘述。

聚类就是合理的，$S>0.7$ 意味着聚类是令人信服的。结果显示聚类结构显著且是令人信服的。通过以上操作，并对结果进行分类筛选和去重操作等，依据数量大小进行排序，共划分为 5 个主要聚类，分别为#0 聚类（组织公正，organizational justice）、#2 聚类（工作不安全感，job insecurity）、#4 聚类（环境动态，environmental dynamism）、#5 聚类（临时组织，temporary organization）、#6 聚类（公共服务绩效，public service performance）。从时间分布上看，组织气氛、创新管理、危机管理和 COVID-19 等是近年来学者关注的热点问题。

3.8.2 组织管理非线性研究热点和前沿分析

表 6 展示了本文关于组织管理非线性的文献数据库中前 10 的关键词的中心度与共现频次的参数信息。如表 6 所示，绩效（performance）、管理（management）和异质性（heterogeneity）是共现频次前三位的关键词，频次分别为 161、158 和 89，这说明组织绩效和管理的不均一性是该领域的主要讨论话题。值得注意的是，表 6 中共现频次前 10 的关键词的中心度均低于 0.1，一方面这与组织管理非线性相关的文献数量过少有关，另一方面这说明该领域学者的研究主题较为发散，并未形成系统的研究问题框架。

表 6　组织管理非线性研究高频词以及共现频次

序号	关键词	中心度	共现频次
1	绩效（performance）	0.03	161
2	管理（management）	0.04	158
3	异质性（heterogeneity）	0.02	89
4	影响（impact）	0.04	75
5	创新（innovation）	0.04	69
6	企业绩效（firm performance）	0.02	67
7	知识（knowledge）	0.03	54
8	企业（firm）	0.02	51
9	多样性（diversity）	0.03	50
10	模型（model）	0.04	48

表 7 展示了文献关键词突现图谱。由表 7 可见，高层管理团队（top management team）的突现强度最大，为 7.24，但该关键词仅在 2013~2016 年作为突现关键词出现。该词反映出学界认为高层管理团队的特质对组织成功至关重要，如高层管理的权利维度[35]、行为整合能力[36]和个人特质[37]等。同时，企业（firm）、治理（governance）、管理（management）和影响（impact）等词的突变强度较大，分别为 5.79、5.66、5.53 和 5.43，这与关键词共现网络分析的结果保持一致。

表7 组织管理非线性领域文献关键词突现排序图谱

关键词	年份	强度	开始年份	结束年份
关系人口学（relational demography）	2007	3.74	2007	2008
高层管理团队（top management team）	2007	7.24	2013	2016
企业绩效（firm performance）	2007	5.41	2013	2016
战略（strategy）	2007	4.55	2013	2014
冲突（conflict）	2007	4.49	2013	2016
调节作用（moderating role）	2007	4.43	2013	2019
治理（governance）	2007	5.66	2014	2019
创新（innovation）	2007	4.19	2014	2021
市场（market）	2007	4.02	2015	2021
吸收能力（absorptive capacity）	2007	3.78	2016	2021
企业（firm）	2007	5.79	2017	2021
管理（management）	2007	5.53	2017	2021
观点（perspective）	2007	4.35	2017	2021
绩效（performance）	2007	4.30	2017	2018
整合（integration）	2007	4.14	2017	2021
可持续性（sustainability）	2007	3.50	2017	2019
干预（intervention）	2007	3.43	2017	2021
企业社会责任（corporate social responsibility）	2007	4.00	2018	2021
工作绩效（job performance）	2007	3.36	2018	2019
影响（impact）	2007	5.43	2019	2021

从突现时间上分析，在2007~2008年，企业的关系人口学特征是学者的关注重点，在随后的四年里，没有一个关键词出现在突现谱图中，这说明这段时期组织管理非线性的学术发展陷入了一定程度的停滞；2013~2016年，高层管理团队和企业绩效等话题逐渐被学者所关注，如高层管理团队（top management team）、企业绩效（firm performance）和冲突（conflict）；2017年至今，组织管理非线性研究则是来到了暴发期，滋生了许多新的研究热点，如创新（innovation）、整合（integration）和企业社会责任（corporate social responsibility）。

组织管理非线性的聚类图谱显示，聚类模块值 Q 为0.6864，聚类平均轮廓值 S 为0.8664。结果显示聚类结构显著且是令人信服的。对结果进行分类筛选和去重操作等，依据数量大小进行排序，共划分为6个主要聚类，分别为#0聚类（高层管理团队，top management team）、#3聚类（社会网络，social networks）、#4聚类（组织结构，organizational structure）、#6聚类（员工构成，workforce composition)、#11 聚类（公共管理，public management)、#12 聚类（逆向风险收益关系，inverse risk-return relationships)。从时间分布上看，过度自信、合作制企业、知识共享和员工阻力等是近年来学者关注的热点问题。

3.8.3 组织管理动态性研究热点和前沿分析

表 8 展示了本文关于组织管理动态性的文献数据库中前 10 的关键词的中心度与共现频次的参数信息。如表 8 所示，管理（management）、绩效（performance）和动态能力（dynamic capability）是共现频次前三位的关键词，频次分别为 1364、979 和 893，这说明组织的动态能力是该领域的主要讨论话题。此外，共现频次前三的关键词的中心度也均大于等于 0.1，这说明与组织动态能力相关的研究处在本数据库所构建的共现网络的中心位置。

表 8 组织管理动态性研究高频词以及共现频次

序号	关键词	中心度	共现频次
1	管理（management）	0.10	1364
2	绩效（performance）	0.11	979
3	动态能力（dynamic capability）	0.14	893
4	创新（innovation）	0.06	660
5	动态性（dynamics）	0.07	503
6	模型（model）	0.04	500
7	知识（knowledge）	0.08	438
8	战略（strategy）	0.09	412
9	公司（firm）	0.02	411
10	影响（impact）	0.05	399

表 9 展示了文献关键词突现图谱。由表 9 可见，调节效应（moderating role）的突现强度最大，为 26.21，并且是在 2018 年才成为突现关键词。该词反映出越来越多的学者正在寻找组织管理动态背景下的调节因素，如企业外部环境的动态水平调节了动态能力和竞争优势之间的关系[33]，战略导向调节了战略形成能力的不同要素与绩效之间的关系[38]等。同时，可持续性（sustainability）、动态理论（dynamic theory）、组织灵活性（organizational ambidexterity）和动态能力（dynamic capability）等词的突变强度较大，分别为 22.81、20.99、20.95 和 16.55，这说明研究组织管理动态性的学者对企业动态理论的发展保持了较高水平的关注。

表 9 组织管理动态性领域文献关键词突现排序图谱

关键词	年份	强度	开始年份	结束年份
动态理论（dynamic theory）	2007	20.99	2007	2014
社区（community）	2007	15.78	2007	2012

续表

关键词	年份	强度	开始年份	结束年份
环境（environment）	2007	12.86	2007	2011
观点（view）	2007	10.68	2007	2010
冲突（conflict）	2007	9.2	2013	2014
资源（resource）	2007	9.01	2013	2016
身份（identity）	2007	8.06	2014	2015
战略管理（strategic management）	2007	13.49	2015	2018
行业（industry）	2007	9.85	2016	2018
悖论（paradox）	2007	9.68	2016	2018
动态能力（dynamic capability）	2007	16.55	2017	2021
协作（collaboration）	2007	9.39	2017	2019
调节效应（moderating role）	2007	26.21	2018	2021
组织灵活性（organizational ambidexterity）	2007	20.95	2018	2021
中介作用（mediating role）	2007	15.34	2018	2021
挑战（challenge）	2007	12.15	2018	2021
可持续性（sustainability）	2007	22.81	2019	2021
灵活性（ambidexterity）	2007	13.78	2019	2021
创业导向（entrepreneurial orientation）	2007	10.43	2019	2021
大数据（big data）	2007	10.11	2019	2021

从突现时间上分析，在 2007~2012 年，学者较为重视组织内部的动态性研究，如动态理论（dynamic theory）、社区（community）和观点（view）；2013~2016 年，外部环境与组织管理的有机结合则是当时学者研究的重点，如冲突（conflict）、资源（resource）和身份（identity）；2017 年至今，组织管理动态性的相关研究更加注重可操作性，各个因素之间的交互所带来的管理动态性的挑战是学术界的研究热点，如中介作用（mediating role）、大数据（big data）和创业导向（entrepreneurial orientation）。

组织管理动态性的聚类图谱显示，聚类模块值 Q 为 0.3399，聚类平均轮廓值 S 为 0.7172。结果显示聚类结构显著且是令人信服的。对结果进行分类筛选和去重操作等，依据数量大小进行排序，共划分为 5 个主要聚类，分别为#0 聚类（组织灵活性，organizational ambidexterity）、#2 聚类（冲突文化，conflict culture）、#3 聚类（大数据分析，big data analytics）、#4 聚类（联盟管理能力，alliance management capability）、#7 聚类（组织边界，organizational boundaries）。从时间分布上看，供应链、知识管理、Cloud ERP[①] 和 COVID-19 等是近年来学者关注的热点问题。

---

① Cloud ERP 为一款管理系统。ERP 表示 enterprise resource planning，企业资源计划。

3.8.4 组织管理复杂性研究的热点和前沿分析

表 10 展示了本文关于组织管理复杂性的文献数据库中前 10 的关键词的中心度与共现频次的参数信息。如表 10 所示,管理(management)、绩效(performance)和复杂性(complexity)是共现频次前三位的关键词,频次分别为 608、361 和 353,这说明本文数据库的论文与组织管理复杂性契合度较高。其中,绩效(performance)和战略(strategy)的中心度指标大于等于 0.1,这说明与绩效和战略相关的研究是该领域的热点。

表 10 组织管理复杂性研究高频词以及共现频次

序号	关键词	中心度	共现频次
1	管理(management)	0.08	608
2	绩效(performance)	0.11	361
3	复杂性(complexity)	0.08	353
4	创新(innovation)	0.05	236
5	模型(model)	0.06	197
6	组织(organization)	0.06	173
7	战略(strategy)	0.11	173
8	系统(system)	0.05	168
9	影响(impact)	0.05	153
10	知识(knowledge)	0.05	128

表 11 展示了文献关键词突现图谱。由表 11 可见,机构复杂性(institutional complexity)的突现强度最大,为 7.21,并且是在 2016 年才成为突现关键词。该词反映出学术界普遍认为机构复杂性影响组织管理的绩效,如政府政策引起的复杂性[39]、国际贸易引起的复杂性[40]和组织身份引起的回应复杂性[41]。同时,企业社会责任(corporate social responsibility)、开发(exploitation)、治理(governance)和组织结构(organizational structure)等词的突变强度较大,分别为 6.93、6.70、6.44 和 6.33,这在一定程度上反映了该领域的研究热点。

表 11 组织管理复杂性领域文献突现词排序图谱

关键词	年份	强度	开始年份	结束年份
信任(trust)	2007	4.67	2007	2010
组织结构(organizational structure)	2007	6.33	2009	2012
复杂性理论(complexity theory)	2007	5.35	2009	2016

续表

关键词	年份	强度	开始年份	结束年份
服务（service）	2007	4.87	2010	2011
团队（team）	2007	5.18	2012	2014
扩散（diffusion）	2007	5.32	2014	2016
开发（exploitation）	2007	6.70	2015	2016
灵活性（ambidexterity）	2007	5.40	2015	2016
安全（safety）	2007	4.81	2015	2016
部门（sector）	2007	4.54	2015	2017
机构复杂性（institutional complexity）	2007	7.21	2016	2021
市场（market）	2007	5.31	2016	2017
组织灵活性（organizational ambidexterity）	2007	5.10	2016	2019
悖论（paradox）	2007	5.10	2016	2018
建设（construction）	2007	5.30	2017	2019
文化（culture）	2007	4.84	2017	2019
项目（project）	2007	4.77	2017	2018
制度逻辑（institutional logics）	2007	4.75	2017	2021
企业社会责任（corporate social responsibility）	2007	6.93	2019	2021
治理（governance）	2007	6.44	2019	2021

从突现时间上分析，在2007~2012年，学者较为重视组织结构的相关研究，如信任（trust）、组织结构（organizational structure）和复杂性理论（complexity theory）；2013~2016年，复杂性的外部拓展吸引了学者的目光，如扩散（diffusion）、灵活性（ambidexterity）和开发（exploitation）；2017年至今，学者将复杂性这一概念拓展到了更宽广的层面，如文化（culture）、企业社会责任（corporate social responsibility）和治理（governance）。

组织管理复杂性的聚类图谱显示，聚类模块值Q为0.3503，聚类平均轮廓值S为0.7115。结果显示聚类结构显著且是令人信服的。对结果进行分类筛选和去重操作等，依据数量大小进行排序，共划分为8个主要聚类，分别为#0聚类（组织绩效，organizational performance）、#1聚类（战略变革，strategic change）、#2聚类（管理控制，management control）、#3聚类（复杂组织，complex organization）、#4聚类（制度复杂性，institutional complexity）、#5（组织学习，organizational learning）、#6（持续安全，sustaining safety）、#7（冲突战略契合，conflict strategy fit）。从时间分布上看，新兴市场、社会媒体技术、创新采用、非预期情况和文化形态等是近年来学者关注的热点问题。

3.8.5 组织管理临界性研究的热点和前沿分析

表 12 展示了本文关于组织管理临界性的文献数据库中前 10 的关键词的中心度与共现频次的参数信息。如表 12 所示，管理（management）、危机（crisis）和绩效（performance）是共现频次前三位的关键词，频次分别为 408、189 和 184，这说明组织所面临的危机是该领域的研究重点。共现频次前 10 的关键词的中心度均低于 0.1，这说明该领域未形成稳定的研究核心区域。

表 12 组织管理临界性研究高频词以及共现频次

序号	关键词	中心度	共现频次
1	管理（management）	0.02	408
2	危机（crisis）	0.02	189
3	绩效（performance）	0.02	184
4	危机管理（crisis management）	0.03	140
5	影响（impact）	0.08	137
6	模型（model）	0.03	118
7	领导力（leadership）	0.02	105
8	战略（strategy）	0.04	96
9	沟通（communication）	0.04	94
10	组织（organization）	0.05	92

表 13 展示了文献关键词突现图谱。由表 13 可见，动态性（dynamics）的突现强度最大，为 8.34，但其突现时期仅在 2011~2015 年。该词反映出动态性引起的组织临界反应是学术界讨论的普遍话题，如危机管理和组织复原力之间的关系[42]、危机的内部动态[43]和供应链动态性与抗危机性的关系[44]等。同时，文化（culture）、危机沟通（crisis communication）、管理（management）和可持续性（sustainability）等词的突变强度较大，分别为 7.21、6.49、5.49 和 5.36，说明在管理层面对危机的处理是该领域普遍关注的问题。

表 13 组织管理临界性领域文献关键词突现排序图谱

关键词	年份	强度	开始年份	结束年份
教训（lesson）	2007	4.98	2009	2014
行为（behavior）	2007	4.16	2010	2012
动态性（dynamics）	2007	8.34	2011	2015

续表

关键词	年份	强度	开始年份	结束年份
文化（culture）	2007	7.21	2011	2014
身份（identity）	2007	5.12	2011	2016
环境（environment）	2007	5.01	2011	2014
金融危机（financial crisis）	2007	4.78	2012	2018
背景（context）	2007	4.26	2012	2016
人力资源管理（human resource management）	2007	4.08	2012	2013
协调（coordination）	2007	4.14	2014	2018
企业绩效（firm performance）	2007	5.16	2015	2017
危机沟通（crisis communication）	2007	6.49	2016	2021
管理（management）	2007	5.49	2016	2017
执行（implementation）	2007	4.88	2016	2018
口碑（reputation）	2007	4.38	2016	2021
探索（exploration）	2007	4.61	2017	2019
气候变化（climate change）	2007	4.92	2018	2021
责任（responsibility）	2007	4.74	2018	2019
可持续性（sustainability）	2007	5.36	2019	2021
参与（involvement）	2007	4.16	2019	2021

从突现时间上分析，在2009~2016年，学者较为重视外部环境引起的组织临界性问题，如动态性（dynamics）、身份（identity）和环境（environment）；2017年至今，对如何对组织危机进行妥善处理则成了该领域的研究热点，如危机沟通（crisis communication）、执行（implementation）和参与（involvement）。

组织管理临界性的聚类图谱显示，聚类模块值 Q 为0.6937，聚类平均轮廓值 S 为0.839。结果显示聚类结构显著且是令人信服的。对结果进行分类筛选和去重操作等，依据数量大小进行排序，共划分为8个主要聚类，分别为#0聚类（人力资源管理，human resource management）、#1聚类（战略信息系统，strategic information system）、#3聚类（经济危机，economic crisis）、#5聚类（组织污名，organizational stigma）、#6聚类（组织失败，failing organization）、#8（意外的罕见危机，unexpected rare crises）、#9（组织偏差，organizational deviance）、#11（企业危机，corporate crises）。从时间分布上看，COVID-19、知识危机管理、玻璃悬崖、假想的组织危机和新产品开发项目等是近年来学者关注的热点问题。

4 讨论

整体上来看,美国在组织管理研究的相关领域中依然处于绝对的领先地位,英国则是处于第二梯队。中国学者的发文量虽然处于世界第三,但平均引用量却在十名开外,在整体的发文质量上并不如一些发文量较少的国家,如加拿大、德国和荷兰。可能的解释是中国的研究机构并未形成有体系的研究团队攻克本文所论述的五大类组织管理问题。排名前十的高产作者中,有三名中国学者上榜,这说明中国不乏高素质的学术人才。未来,整合优秀的学术资源、高等院校之间通力合作将会是提升在管理领域国际影响力的关键一环。但值得注意的是,高水平期刊中来自中国的学术论文数量比重较低,并且论文的开创性研究成果较少。

从引文分析的结果上,除了与研究方法相关的论文被广泛地引用外,被引用次数最多的文献大多与该研究领域契合度较高,共被引知识图谱显示了五类组织管理问题研究历程中最重要的一些文献,这可以帮助学者快速了解对应领域的研究状况。

本文的核心研究内容是对五类组织管理问题的热点与前沿分析,根据关键词突现图谱和聚类图谱的结果,发现:对于组织管理不确定性领域而言,COVID-19 的突然暴发使得学术界更加关注不可预测的事件所引发的管理问题,基于组织制度与宏观环境的交互成为当下的不确定性研究的主题,如 Yang 等[45]研究了在不同程度的外部环境不确定性背景下组织控制互动的功效,Ye 等[46]讨论了在动态和不断变化的环境下资源有限的企业如何利用社交媒体提升绩效;对于组织管理非线性领域而言,针对全球化特征和知识化特征的发展趋势,寻找影响组织管理的各因素之间的"U"形关系以及不均一关系是目前该领域的热点话题,如 Hergueux 等[47]质疑了强互惠性可以保护组织免受合作破裂的观点,构建了一个高互惠性和绩效之间的"U"形关系;组织管理动态性的相关研究在近年来有从宏观层面向微观层面转换的趋势,Cloud ERP[48]、知识隐藏行为[48]和组织惯性[49]等结论更加具有可操作性的研究在近些年数量有所增长;组织管理复杂性的研究趋势则是与动态性相反,学者试图将复杂性这一概念拓展到更宽广的层面,与更多因素结合进行研究,如 Intezari 等[50]将人们的价值观和信仰与整个知识产出过程相结合进行讨论,帮助解释组织知识文化的复杂性和多维性;在组织管理临界性的相关领域,与预防、问题的定位与解决相关的话题是近年来的研究热点,如 Broekema 等[51]测试了 209 位荷兰市长在应对本市假设的危机情况时的学习重点,探讨了公共领导人在危机发生后的组织学习取向。

5 限制与不足

本文是对从 SSCI 和 SCI-E 期刊的 Web of Science 数据库中收集到的有关五类组织管理问题论文的回顾。Web of Science 数据库是目前最大的文献计量数据库,从中获得的数据是全面和客观的。然而，本文仍存在以下局限性，可在今后的工作中加以解决。首先，与组织管理非线性相关的论文数量过少，尽管我们考虑到了中国人的用词习惯，补充了主题词"异质性"，但该数据库的文献数量依然远远少于其余四个数据库，过少的样本数量不利于我们准确定位该领域的研究热点。未来的研究可以利用编码与社会网络分析等形式，对非线性相关论文的内容进行人工处理，归纳总结出该领域更加细致的研究脉络。其次，本文检索到的论文不包括非英语出版物，所以有可能一些重要的非英语文献没有被纳入分析。未来的研究可以考虑从更多的数据来源收集更全面的论文进行文献计量分析。最后，检索到的论文只包括 2007 年至 2021 年的 15 年，而本文的目标是分析过去 15 年中五类组织管理问题的研究趋势。在引文分析中我们发现被引用次数最多的论文大多是 20 世纪 90 年代左右发布的，未来的研究可以收集更早的出版物来分析和总结五类组织管理问题的完整研究趋势。

6 总结

本文有助于学者把握过去 15 年（2007~2021 年）来组织管理的不确定性、非线性、动态性、复杂性和临界性的相关研究趋势，更好地将研究热点与复杂科学管理思想结合，促进该学说的发展。来自中国的文献总数量虽然位居世界第三，但论文的质量有待提高。中国出版物的数量和影响力之间的不匹配是中国学者需要考虑的问题。五类组织管理问题的最新进展可以在 *Sustainability* 和 *Journal of Management* 等期刊上找到。组织气氛、过度自信、Cloud ERP、非预期情况和假想的组织危机等研究方向可能是未来复杂科学管理学说的发力点，目前参与这些研究的学者可能是未来几年管理科学领域的先锋。

参考文献

[1] Manville B，Ober J. Beyond empowerment：building a company of citizens[J]. Harvard Business Review，2003，81：48-53.

[2] Drucker P F. The Essential Drucker[M]. New York：Harper Business，2018：69-94.

[3] 徐绪松. 复杂科学管理[M]. 1 版. 北京：科学出版社，2010.

[4] 徐绪松. 复杂科学管理的创新性[J]. 复杂科学管理，2020，1：9-32.

[5] Zhang X，Gao Y，Yan X D，et al. From e-learning to social-learning：mapping development of studies on social media-supported knowledge management[J]. Computers in Human Behavior，2015，51：803-811.

[6] Kapucu N，Demiroz F. Measuring performance for collaborative public management using network analysis methods and tools[J]. Public Performance & Management Review，2011，34：549-579.

[7] Ali I，Golgeci I.Where is supply chain resilience research heading? A systematic and co-occurrence analysis[J]. International Journal of Physical Distribution & Logistics Management，2019，49：793-815.

[8] van Eck N J, Waltman L. Software survey: VOSviewer, a computer program for bibliometric mapping[J]. Scientometrics, 2010, 84: 523-538.

[9] Barney J B. Firm resources and sustained competitive advantage[J]. Journal of Management, 1991, 17: 99-120.

[10] March J G. Exploration and exploitation in organizational learning[J]. Organization Science, 1991, 2: 71-87.

[11] Fornell C, Larcker D F. Evaluating structural equation models with unobservable variables and measurement error[J]. Journal of Marketing Research, 1981, 18: 39-50.

[12] Podsakoff P M, MacKenzie S B, Lee J Y, et al. Common method biases in behavioral research: a critical review of the literature and recommended remedies[J]. Journal of Applied Psychology, 2003, 88: 879.

[13] Lind E A, van den Bos K. When fairness works: toward a general theory of uncertainty management[J]. Research in Organizational Behavior, 2002, 24: 181-223.

[14] van den Bos K, Lind E A. Uncertainty management by means of fairness judgments[J]. Advances in Experimental Social Psychology, 2002, 34: 1-60.

[15] Hambrick D C, Mason P A. Upper echelons: the organization as a reflection of its top managers[J]. Academy of Management Review, 1984, 9: 193-206.

[16] Bantel K A, Jackson S E. Top management and innovations in banking: does the composition of the top team make a difference?[J]. Strategic Management Journal, 1989, 10: 107-124.

[17] Cohen W M, Levinthal D A. Absorptive capacity: a new perspective on learning and innovation[J]. Administrative Science Quarterly, 1990, 35: 128-152.

[18] Cyert R M, March J G. A Behavioral Theory of the Firm[M]. Englewood Cliffs: Martino Fine Books, 1963.

[19] Eisenhardt K M, Martin J A. Dynamic capabilities: what are they?[J]. Strategic Management Journal, 2000, 21: 1105-1121.

[20] Teece D J, Pisano G, Shuen A. Dynamic capabilities and strategic management[J]. Strategic Management Journal, 1997, 18: 509-533.

[21] Levinthal D A, March J G. The myopia of learning[J]. Strategic Management Journal, 1993, 14: 95-112.

[22] Huberman M, Miles M B. The Qualitative Researcher's Companion[M]. London: SAGE, 2002.

[23] Eisenhardt K M. Building theories from case study research[J]. Academy of Management Review, 1989, 14: 532-550.

[24] Nonaka I, Takeuchi H. The Knowledge-Creating Company: How Japanese Companies Create the Dynamics of Innovation[M]. New York: Oxford University Press, 1995.

[25] Nonaka I. A dynamic theory of organizational knowledge creation[J]. Organization Science, 1994, 5: 14-37.

[26] Brown S L, Eisenhardt K M. The art of continuous change: linking complexity theory and time-paced evolution in relentlessly shifting organizations[J]. Administrative Science Quarterly, 1997, 42 (1): 1-34.

[27] Weick K E. Sensemaking in Organizations[M]. London: SAGE, 1995.

[28] DiMaggio P J, Powell W W. The iron cage revisited: institutional isomorphism and collective rationality in organizational fields[J]. American Sociological Review, 1983, 48 (2): 147-160.

[29] Greenwood R, Raynard M, Kodeih F, et al. Institutional complexity and organizational responses[J]. The Academy of Management Annals, 2011, 5: 317-371.

[30] Weick K E. The collapse of sensemaking in organizations: the Mann Gulch disaster[J].Administrative Science Quarterly, 1993, 38 (4): 628-652.

[31] Pearson C M, Clair J A. Reframing crisis management[J]. The Academy of Management Review, 1998, 23: 59-76.

[32] Teece D J. Explicating dynamic capabilities: the nature and microfoundations of (sustainable) enterprise performance[J]. Strategic Management Journal, 2007, 28: 1319-1350.

[33] Schilke O. On the contingent value of dynamic capabilities for competitive advantage: the nonlinear moderating effect of environmental dynamism[J].Strategic Management Journal, 2014, 35: 179-203.

[34] Cepeda G, Vera D. Dynamic capabilities and operational capabilities: a knowledge management perspective[J]. Journal of Business Research, 2007, 60: 426-437.

[35] Finkelstein S. Power in top management teams: dimensions, measurement, and validation[J]. The Academy of Management Journal, 1992, 35: 505-538.

[36] Lubatkin M H, Simsek Z, Ling Y, et al. Ambidexterity and performance in small-to medium-sized firms: the pivotal role of top management team behavioral integration[J].Journal of Management, 2006, 32: 646-672.

[37] Cho T S, Hambrick D C. Attention as the mediator between top management team characteristics and strategic change: the case of airline deregulation[J].Organization Science, 2006, 17: 453-469.

[38] Slater S F, Olson E M, Hult G. The moderating influence of strategic orientation on the strategy formation capability-performance relationship[J].Strategic Management Journal, 2006, 27: 1221-1231.

[39] Luo X R, Wang D Q, Zhang J J. Whose call to answer: institutional complexity and firms' CSR reporting[J]. Academy of Management Journal, 2017, 60: 321-344.

[40] Marano V, Kostova T. Unpacking the institutional complexity in adoption of CSR practices in multinational enterprises[J].Journal of Management Studies, 2016, 53: 28-54.

[41] Kodeih F, Greenwood R. Responding to institutional complexity: the role of identity[J].Organization Studies, 2014, 35: 7-39.

[42] Williams T A, Gruber D A, Sutcliffe K M, et al. Organizational response to adversity: fusing crisis management and resilience research streams[J].Academy of Management Annals, 2017, 11: 733-769.

[43] Bundy J, Pfarrer M D, Short C E, et al. Crises and crisis management: integration, interpretation, and research development[J].Journal of Management, 2017, 43: 1661-1692.

[44] Ivanov D, Sokolov B, Kaeschel J. A multi-structural framework for adaptive supply chain planning and operations control with structure dynamics considerations[J].European Journal of Operational Research, 2010, 200: 409-420.

[45] Yang F F, Shinkle G A, Goudsmit M. The efficacy of organizational control interactions: external environmental uncertainty as a critical contingency[J].Journal of Business Research, 2022, 139: 855-868.

[46] Ye Y, Yu Q L, Zheng Y J, et al. Investigating the effect of social media application on firm capabilities and performance: the perspective of dynamic capability view[J].Journal of Business Research, 2022, 139: 510-519.

[47] Hergueux J, Henry E, Benkler Y, et al. Social exchange and the reciprocity roller coaster: evidence from the life and death of virtual teams[J].Organization Science, 2021, 10: 1-28.

[48] Naveed Q N, Islam S, Qureshi M, et al. Evaluating and ranking of critical success factors of cloud enterprise resource planning adoption using MCDM approach[J]. IEEE Access, 2021, 9: 156880-156893.

[49] Mikalef P, van de Wetering R, Krogstie J. Building dynamic capabilities by leveraging big data analytics: the role of organizational inertia[J].Information & Management, 2021, 58 (6): 103-112.

[50] Intezari A, Pauleen D J, Taskin N. Towards a foundational KM theory: a culture-based perspective[J].Journal of Knowledge Management, 2022, 26: 1516-1539.

[51] Broekema W, Porth J, Steen T, et al. Public leader's organizational learning orientations in the wake of a crisis and the role of public service motivation[J].Safety Science, 2019, 113: 200-209.

Future Power Points in Complexity Science Management——Analysis of Research Trends in Five Categories of Organizational Management Issues from a Bibliometric Perspective

Liu Dawei[1], Yu Jinyang[2]

(1. College of Business Administration, Ningbo University of Finance & Economics, Ningbo 317315, China; 2. School of Management, Hangzhou Dianzi University, Hangzhou 310018, China)

Abstract: Complexity Science Management (CSM), a new management idea, has given us a more comprehensive and deeper understanding of social systems. Complexity Science Management considers that the current management science urgently needs to address five types of problems including: uncertainty, nonlinearity, dynamism, complexity, and criticality of organizational management. Understanding the research trends and hotspots of these five types of organizational management problems can help the further development of complexity science management doctrine. In this paper, with the help of visual mapping software VOSviewer and CiteSpace, we established a literature database related to the above five types of topics using the English literature in the Web of Science core database as the data source, and used bibliometric and knowledge mapping as the main research methods to mine data and normalize the international research related to the five types of organizational management issues. The results found that: firstly, the number of studies related to the five types of organizational management issues has been increasing in recent years, which indicates that the doctrine of complexity scientific management is prescient in the direction of organizational management research; secondly, although the total number of literature from China ranks the third in the world, the quality of papers needs to be improved. The mismatch between the number of Chinese publications and academic influence is a problem that Chinese scholars need to consider; finally, this paper summarizes the frontiers, hotspots and trends of five categories of organizational management problems respectively through co-citation analysis and cluster analysis respectively, which may be the launching point for future scholars to use CSM ideas to solve management science problems.

Keywords: complexity management science; organizational management; knowledge mapping; bibliometric research; evolutionary paths

基于全媒体数据的重大突发事件舆论治理*

刘建国 [1,3]，高威 [2]，刘益东 [2]

（1. 上海财经大学 会计与财务研究院，上海 200433；2. 上海浦东微热点大数据研究院，上海 201203；3. 复旦大学 全球传播全媒体研究院，上海 200433）

摘要：全媒体情境催生了新的舆论生态、媒体格局和传播方式，也为从全媒体数据角度对重大突发事件的舆论进行实时感知、应急响应和协同治理提供了机遇。智能时代，迫切需要解析全媒体数据中蕴含的能量，以提升重大突发事件综合治理能力为根本目标，发展面向重大突发事件的舆论感知、预测预警与综合治理决策支持系统。首先，回顾了传播学视角下的舆论传播理论与模型。其次，系统分析了突发事件的舆论演化分析研究。再次，提出了基于全媒体数据的重大突发事件舆论感知、预测与治理体系。最后，建立了全媒体情境下重大突发事件的舆论感知、应急响应和协同治理辅助决策支持系统。基于全媒体数据的重大突发事件舆论感知与协同治理系统对于感知和化解社会矛盾，提升国家治理体系和治理能力现代化具有重要意义。

关键词：社会治理；全媒体数据；突发事件；演化模型

1 引言

突发事件是指"突然发生，造成或者可能造成严重社会危害，需要采取应急处置措施予以应对的自然灾害、事故灾难、公共卫生事件和社会安全事件"（《中华人民共和国突发事件应对法》）。突发事件具有随机性、快速扩散性、衍生性、传导变异性、高破坏性和高时间压力性等特征，事件一旦发生，亿万网民会迅速聚集起来并参与其中，涉及的决策环境具有高复杂性和

---

* 基金项目：国家自然科学基金面上项目"知识图谱的多层网络耦合分析理论与方法研究"（61773248），"在线社交用户行为的耦合时序分析理论及其应用研究"（72171150），国家社会科学基金重大项目"智能时代重大舆情和突发事件舆论规律及治理研究"（20ZDA060）。

作者简介：刘建国（1979—），男，山西临汾人，上海财经大学讲席教授、博士生导师，复旦大学全球传播全媒体研究院研究员，主要研究方向：社交大数据，知识管理，商务智能。高威（1976—），女，黑龙江哈尔滨人，高级编辑（新闻系列），硕士生导师，主要研究方向：舆论管理、社会治理、新媒体大数据。刘益东（1981—），男，江苏江阴人，硕士生导师，主要研究方向：自然语言处理，计算机视觉，跨模态信息检索。

动态性[1]。重大突发事件的应急响应和协同决策是指决策者应对突然发生的需要紧急处置的重大事件，明确决策目标，进行决策组织，设计决策方案，协作实施并且进行反馈评价的闭环过程。在重大突发事件的舆论响应与协同决策过程中，需要考虑事件涉事主体之间的利益协同；在明确决策目标时需要考虑民众（舆论）的期望和诉求；在决策方案制订时需要考虑网络舆论治理的协同；在决策方案的执行过程中需要考虑资源协同；在实效保障中进行政策协同。总之，在重大突发事件的应急响应和协同决策过程中需要对决策的过程进行决策，从感知问题，明确目标，决策组织，到制订方案等过程进行决策，在协同决策与综合治理的各个环节形成利益引导、心理疏导和依法治理的紧密协同决策过程[2]。

党的十九届四中全会《中共中央关于坚持和完善中国特色社会主义制度 推进国家治理体系和治理能力现代化若干重大问题的决定》中明确提出要求："健全重大舆情和突发事件舆论引导机制。"更为重要的是，习近平同志于 2020 年 9 月 25 日指出：更好发挥互联网在倾听人民呼声和汇聚人民智慧方面的作用。特别强调通过互联网就"十四五"规划编制向全社会征求意见和建议，这在我国五年规划编制史上是第一次[3]。2021 年 3 月 13 日新华社发布了"十四五"规划和 2035 年远景目标纲要，纲要提出"推进国家治理体系和治理能力现代化，实现经济行稳致远、社会安定和谐"[4]。

我国是世界上突发事件，尤其是自然灾害频发的国家之一，且灾害事件种类多、发生频率高、灾情造成损失严重。应急管理部发布的 2020 年全国自然灾害基本情况显示，2020 年共造成 1.38 亿人次受灾，591 人因灾死亡失踪，589.1 万人次紧急转移安置；直接经济损失 3701.5 亿元[5]。频发的自然灾害给广大人民群众的生命和财产安全带来了极大的威胁。重大事件发生后，经由社交媒体的传播，相关灾害事件在网络上引起网民热烈的讨论，得益于社交媒体平台的广泛参与性，网民在网络上发表着自己对于灾害事件的看法或评论，形成了突发事件网络舆论。一方面，网络舆论有利于相关受灾情况和求助信息的传播，在一定程度上缓解了信息闭塞的问题；另一方面，一些未经证实的信息和针对应急处置产生的负面舆论情绪容易在网络上引起一系列的链式反应，进而演变成网络谣言或负面舆论场，如果得不到及时处理，将会引发社会公众的恐慌，加大相关部门工作压力，造成突发事件网络舆论危机的出现，影响到地区和国家的和谐稳定。

全媒体时代催生了新的舆论生态、媒体格局和传播方式，给重大突发事件的综合治理带来了挑战。同时，也为基于全媒体数据的重大突发事件实时感知、及时响应和协同治理提供了机遇。基于全媒体数据的风险感知与预警对于感知和化解社会矛盾，预防重大突发事件网络舆论的发生也具有重要意义。同时，对于提升国家治理体系和治理能力现代化，维护社会和谐稳定、促进国家长治久安、维护人民公共福祉，具有深远的意义[6]。

突发事件的网络舆论是指通过互联网传播的广大网民对现实生活中突发事件的热点、焦点问题所持的态度、言论、观点和情绪的总和。决策者需要利用重大事件识别方法从海量的全媒体文本、图片和视频多源异构数据中识别出网民正在关注的事件，实时感知网民关注的突发事件主题和相关的涉事主体。通过与真实灾害情况进行比对，识别网民所关注事件中的求助信息、公众态度和舆论走向，对潜在的风险进行应急响应和协同治理。随着社交媒体的快速发展，民众言论表达门槛降低，网络成为谣言滋生扩散的重灾区。全媒体大数据的特点有：①兼有媒体和社交网络的双重属性，相互交织加速了网络舆论的传播速度和影响范围；②具有去中心化的特征，每个人既可以是信息的发布者，也可以是信息的浏览者、转发者；③数据具有多源异构的特征，既有文字、声音，也有图片和视频等形式的多模态数据；④水军与社交机器人并存，对舆论的形成和传播造成极大影响。《习近平谈治国理政》第三卷在论述舆论的作用时，提到以"尧有欲谏之鼓，舜有诽谤之木"，强调了做好舆论工作的重要性，并且提出做好舆论工作是增强我国文化自信的重要组成部分[7]。同时，十九大报告明确指出："坚持正确舆论导向，高度重视传播手段建设和创新，提高新闻舆论传播力、引导力、影响力、公信力。加强互联网内容建设，建立网络综合治理体系，营造清朗的网络空间"①。因此，迫切需要从全媒体数据的角度对突发事件的舆论感知与协同治理进行系统建模分析，建立基于全媒体数据的突发事件感知、预测、治理和评估系统，为国家治理体系和治理能力现代化提供有力的支撑。

2 传播学视角下的舆论演化理论和模型

网络舆论是指通过互联网传播的广大网民对现实生活中的热点、焦点问题所持的态度、言论、观点和情绪的总和[8]。随着网络的高速发展，民众言论表达门槛降低，网络成为谣言滋生、扩散的重灾区。一个社会热点往往有成百上千万甚至过亿的网民共同关注，极易点燃网民情绪，加剧网络舆论的迅速发酵、扩散与传播，有时甚至演变成公共突发事件与社会管理危机。突发事件的网络舆论热点从形成、发展到结束，会延伸出不同的主题，而这些主题往往来自不同渠道、不同媒体、不同形式的新闻报道等。公众通过各种平台和载体，能够获得多种类型的媒体信息，继而在社交网络上进行发布、点赞、转发及评论等，这些行为的发出者、参与者以及他们之间的互动行为构成了一个庞大的虚拟的但却可以通过先进技术刻画的复杂网络。该复杂网络形成了公众对突发事件的舆论反馈，通过深入研究挖掘构建的复杂网络，就会发现由突发事件引起的舆论热点的关联关系，就隐藏在不同主题下用户的复杂行为中。因此，对突发事件所引起的舆论热点的内容进行主题提取、耦合分析用户的行为与观点来构建模型，刻画网络传播中各主题事件的因果关系，找出突发事件舆论传播与在线社交用户之间的影响关系，进而对突发事件所引发的舆论进行预测和预警，这对进行舆论危机控制至关重要。

舆论的形成与演化特征及规律已经成为一个交叉学科领域的研究热点，吸引了来自传播学、舆论学、信息科学、物理学、社会物理学、复杂性科学、舆论动力学、计算机科学等诸多

---

①《习近平：决胜全面建成小康社会 夺取新时代中国特色社会主义伟大胜利——在中国共产党第十九次全国代表大会上的报告》，https://www.12371.cn/2017/10/27/ARTI1509103656574313.shtml[2022-09-19]。

学科学者的广泛关注。经典舆论理论与模型更多考虑的是在一个封闭空间内的演化过程，而当今已经是社交网络大数据智能时代，在更加开放的网络空间中的公众舆论形成与演化体现出了高度的复杂性，因此，认识和解释智能时代网络舆论的形成与演化规律成为新时代诸多学者关注的问题。以下分别从理论研究和模型研究两方面进行研究背景论述。

2.1 舆论演化理论研究

传播学视阈下的舆论过程研究理论主要涉及议题的生成与公众态度的演化、舆论演化以及舆论演化的影响机制等方面。

在议题的生成和公众态度的演化方面，McCombs 和 Shaw 提出的议程设置理论（agenda setting）揭示了公众议程受媒体议程影响的重要机制[9]。议程设置理论考虑了议题的某些特定属性以及这些属性对于舆论的影响。框架效果强调新闻框架对受众的影响是一个重要而活跃的研究领域，研究者提出的框架效果理论认为，新闻讯息有助于人们决定重点关注问题的哪些方面。Zhu 的零和博弈理论重点分析了议题之间相互竞争的动态过程，其指出在传统媒体有限空间及公众注意力有限范围内，不同议题展开竞争，以赢得媒体和公众的关注[10]。关于新闻扩散的"J-曲线"的研究发现，不同类型的议题在扩散范围和渠道上存在差异，其揭示了事件重要程度、扩散总体比例与人际渠道重要性之间的关联性。DiMaggio 等指出"极化"（polarization）概念在静态意义上强调舆论强度两端对立的状态，更关注意见的分布是否随着时间变化越来越呈现两极对立状态的演化过程[11]。沉默的螺旋则强调随着个体感知和局部表达的变化，总体层面的社会舆论是否偏向单一方面的意见表达而另一方则日趋沉默的过程。

在舆论演化方面，随着舆论演化，研究者将网络舆论演化过程分为扩散、稳定和消退三个阶段，具体还包括涨落规律、序变规律、冲突规律和衰变规律来描述网络舆论的演变规律。此外，还可以将网络舆论的演化过程划分为潜伏期、活跃期和衰减期等阶段。类似于创新传播模型，网络舆论从生命演化周期角度还可以划分为潜伏期、萌动期、加速期、成熟期和衰退期等阶段。

随着阶段的演化，舆论可能出现反转现象。舆论反转指网络舆论在传播过程中，网民通过互联网表达和传播意见、态度和情绪过程中出现向相反方向转化的现象与趋势。网络舆论反转研究包括舆论反转、新闻反转、反转新闻、新闻反转剧等。研究网络舆论反转机理有助于政府治理和引导网络舆论。舆论反转常出现在舆论演化周期中的舆论潜伏期和舆论传播中后期。在舆论潜伏期，舆论内容或网民情感往往呈现出一种集中潜伏倾向的观点；在舆论中后期，舆论内容或网民情感却急速反转，呈现出与之对立的另一种集中倾向的观点，并形成舆论反转效应。舆论发生反转后，原始舆论和反转舆论相互耦合，呈现高峰值或多峰现象，因舆论反转后关注视角更多，所以反转舆论的关注度更高。国内对于舆论反转的研究始于 2010 年，且多集中于新闻传播学、管理学、政治学等学科，研究方法也主要以定性分析为主，包括内容分析法、文本分析法等。在研究内容上，大多集中在探讨舆论反转的生成机理、形成原因等，另有少部分研究对舆论反转的媒体责任、治理策略及社会影响进行了分析。此外，随着大数据及人工智能的兴起，也有少数学者基于算法的大数据分析方法、构建反转模型、仿真实验与热点聚类分析法等方面对舆论反转进行研究。

在舆论演化的影响机制方面，国内研究从公众、媒体、警方等角度关注涉警舆论反转的生成机理与治理。在微博平台上的研究发现，网络媒体的无意识议程设置（议题驱动、媒体自净）、有意识议程设置（话语竞争、框架预设、媒介共鸣）与网民议程设置（舆论领袖）等是引发舆论反转的关键性因素。此外，还有学者针对舆论传播高涨期阶段的反转事件产生机理进行定性分析，揭示了反转事件产生的内部成因及形成规律，根据事件演化现实表征（演化时序、演化路径）分析网络舆论反转演化规律和波动过程。

舆论学者 Glynn 和 Huge 按时间顺序回顾了舆论过程研究的六种主要模式[12]：①Kelman 的社会影响与行为改变模式，将舆论定义为个体受到社会影响并改变态度的过程，并指出了三种具体的影响机制，即"遵从"、"认同"和"内化"；②Foote 和 Hart 的舆论发展模式指出舆论是一个分阶段的时间发展过程，并最终导向知情者的决策和行动；③Davison 的传播与意见领袖模式，强调舆论过程依赖特定议题并通过传播和扩散赢得公众注意力（只有少数议题能获得舆论关注，而其他则在传播早期就烟消云散，无法进入公众视野），以及群体意见和意见领袖对意见过程具有重要影响，他还较早论述了个人在意见形成过程中受到感知他人意见的影响；④Neumann 的社会系统过程模式（即沉默的螺旋理论），是一个包含个体表达微观心理机制（如害怕孤立感、准统计官能、对他人意见的感知）到宏观社会结果（形成意见偏向于社会控制）的螺旋式社会系统过程；⑤Price 和 Robert 的传播与互惠关系过程模型，明确将舆论定义为通过传播所展开的社会组织过程，强调要超越单一（个体）层面、单一时点的舆论观，发展基于个体、群体和社会多层互惠关系的舆论理论，其中包含大量复杂的个人、人际和机构互动；⑥Crespi 的多维度过程模型，基于 Davison 的传播与意见领袖模型，增加了对其中所包含的心理、社会和政治力量的强调。

在舆论演化的影响因素方面，研究者分析了公众对舆论态度的诸多因素，如个人层面因素（包含自身的价值观、目标、生命阶段、态度体系之间的相互影响等）、社会层面因素（如针对传播者与受众关系所发现的休眠效应，即讯息在一段时间后与信源可信度相分离，从而产生劝服效果的现象等）以及社会与文化因素（包括代际差异、时代变迁、文化差异等）。然后，学者关注影响态度和意见表达中的传播因素，特别是大众媒体和人际渠道之间的相互关系，两者在影响个体意见表达过程中可能相互促进、整合、协同，也可能分化、抵制、冲突，这在诸多舆论理论的影响机制研究中都有体现（如议程设置、框架效果、沉默的螺旋理论）。除了静态的因素（如常规人口统计学、个人特质等变量），社会过程式的舆论研究更为关注动态性因素，如群体互动（群体内与群体外传播、同质性与异质性交互）、对意见气候的感知、议题公众及其流动等，这些变化可因议题、时间和具体情境的变化而产生更大的变异。

2.2 舆论演化模型研究

在传播学中,针对舆论演化过程的研究是一种动态的舆论观,其区别于"大众意见"分布的静态舆论观,它将舆论视为一种动态的社会过程(social process)。作为社会过程的舆论研究不仅关注民意在某个特定时间点的分布,而且聚焦于舆论生成与演变的过程,即舆论因何种原因生成,如何变化,直到最终消亡(议题结束或是被取代)或稳定(意见保持均衡不变的状态)。

早期的舆论研究中,一些学者对舆论作为一种社会过程进行了分析,认为任何公众舆论的状态总是处于不断变化的过程中,所以对公众舆论的研究应探究其特定的状态、原因、发生了何种变化、正在发生什么变化以及应该采取什么样的措施。1958 年,Davison[13]提出舆论过程研究的重要性,他指出我们对议题的形成阶段知之甚少,公众舆论过程的这一部分通常被掩盖起来;同时,还阐述了舆论发展过程,指出公众舆论过程是舆论过程中极为重要的组成部分,以及在该过程中的主要群体的领袖、传播的最重要的特点(将有关事实和意见问题传递给许多主要群体的成员)、舆论的消散等问题。沉默的螺旋理论认为那些认为自己的观点属于少数派的人将不太可能表达自己的观点,多数人的意见更容易被表达出来,从而导致一种螺旋效应;在该效应中,多数人的意见被过度代表,而少数人的意见则被过低代表[12]。

经典的舆论演化模型还包括了采用交互规则的 Sznajd 模型、投票者模型、参考周围个体意见并区分个体差异的 Krause-Hegselmann 模型和博弈模型等。Sznajd 模型是基于铁磁体中的磁性粒子等概念,利用蒙特卡洛等方法用以研究封闭社区舆论演化的现象,该模型可用来解释现实中舆论统一和观点对峙现象(即"赞成"与"反对")的部分形成机制。投票者模型的观点交互规则假定个体的观点受到人际关系网络中邻居的影响,个体会随机选择一个邻居的观点来作为自己的观点。Krause-Hegselmann 模型从公众之间交互的实际出发,提出有关舆论传播的有界信任模型。通过仿真可以研究不同舆论演化模型中的个人信任度与社会网络结构对舆论演化模式的影响机制。博弈论及演化博弈论是分析和预测人们在合作或竞争状态下的策略选择的数学理论和方法,该方法也可以应用于舆论演化模拟中。

研究者综合利用统计物理学、社会动力学、复杂性科学、社会心理学等学科的建模方法,结合现今智能时代互联网特点,提出一些刻画舆论动态演化的模型,将舆论演化模型放在具有互联网特性的网络拓扑中(如具无标度结构、社团结构等),并用计算机仿真方法进行分析。可用于舆论演化方面研究的方法主要包括元胞自动机、马尔可夫模型、超网络模型、演化博弈模型、最小二乘法和神经网络等。网络信息的传播结构与意见演化和舆论涌现关系密切,需要运用真实数据集检验不同的意见动力学模型对于不同类型事件的预测能力,可以用预测的方法来模拟意见的演化过程。

3 突发事件的舆论演化研究

随着社会化媒体的不断发展与融合,开始出现了针对突发事件舆论的研究热点。1976 年

Turner 等[14]根据灾害的影响和后果对灾害的发展进行了模型描述，将灾害演化过程分为理论上事件的开始点、孵化期、急促期、爆发期、救援期及社会调整期等阶段。美国知名危机管理专家 Fink[15]于 1986 年了提出的四阶段突发事件生命周期模型（即危机 F 模型），将危机的发展划分为潜伏期、爆发期、延续期和痊愈期。陈安等[16]提出突发事件的演化过程可分为发生、发展、演变与终结等四个阶段，指出有些突发事件可能只有发生、发展和终结阶段，而没有演变过程。

总而言之，目前针对突发事件网络舆论演化的研究，多分为三阶段、四阶段、五阶段甚至多阶段、多模式归纳，且多是从突发事件生命周期角度入手，鲜有针对舆论演化的特点进行分析。

随着大数据时代和智能时代的到来，数据从简单的处理对象开始转变为一种基础性资源，算法、情感分析、社会网络分析等方法的运用为舆论演化过程的研究提供了新的视角。Li 等[17]从大数据角度出发，提出了基于深度学习的突发事件涉事主体识别方法，可以以 95%以上的准确率对社交媒体中涉及的突发事件涉事主体进行精准识别，进一步 Li 等[18]提出了语义空间聚类和基于标签传播方法的次生、衍生事件识别方法，可以对突发事件演化过程中的"事件树"进行半自动生成，分析突发事件的演化过程。

4 基于全媒体数据的突发事件舆论治理

网络舆论信息预警是指在社会顺境的状态下，对舆论信息汇集和分析的基础上，对社会运行接近负向质变的临界值的程度所做出的不确定性早期预报。网络舆论的预测是指对舆论数据进行准确获取，经过系统数据分析，运用先进科学技术方法对未来网络舆论发展方向进行预测分析，判断其发展态势。我国舆论预测研究起步较晚，2005 年才开始逐渐出现网络舆论预测的相关研究。我国的舆论预测预警研究还处于起步与探索阶段，比较缺乏舆论预测与预警模型。

网络舆论传播是一个基于时间序列的演化过程，呈现出不规则的趋势，并且在话题的发展过程中常出现一些不确定的影响因素，难以量化。尽管舆论传播演化不是典型的时间序列且没有固定的演化模式，但时间序列研究方法依然是分析网络舆论传播演化趋势的可行方法。网络舆论的预测模型经历了"线性预测模型—非线性预测模型—自适应模型"的发展阶段。

对舆论演化预测分析就是基于数据挖掘算法，通过舆论信息的时间序列对舆论的发展过程进行实时预测，为舆论参与主体提供参考依据。网络舆论预警功能主要在于持续监测舆论信息，全面了解舆论基本情况和发展态势，发现潜在问题，做到在突发事件爆发前能够对舆论进行及时跟踪处理，达到维护社会秩序和稳定的作用。我国目前的舆论预警研究主要是基于两个方面：一是利用突发事件中不同层次的预警指标体系，建立预警模型，得到预警分级；二是通过对某些舆论数据的特征属性（如情感性、态度等）进行建模，以实现网络舆论未来发展趋势的预测，并根据具体的预测结果进行预警分级。

（1）舆论预警指标体系研究。舆论预警指标体系的建立对于舆论预警至关重要，通过建立预警指标能够发现网络舆论的潜在问题，可更为客观地对舆论信息进行判断。当前，专家问卷调查法和文献法是确定关键指标构成的主要方法。对于指标量化中指标权重的确定方法则相对较多，有问卷法（在问卷中大部分使用德尔菲法、有少数文章使用格栅法来为指标打分）、层次分析法、熵权法、模糊德尔菲法及模糊层次分析法。然而，这些方法在确定指标权重中具有较强的主观性，缺失论证过程。目前国内外尚无统一的网络舆论指标体系，我国学者针对不同目标对象对我国网络舆论监测预警指标体系构建进行了研究。

（2）舆论预警模型研究。目前，构建网络舆论预警模型主要分为基于传统数学和物理方法的预测模型与基于智能机器算法的预测模型。基于后者的预警模型主要是将时间序列预测和人工智能技术两者相结合。智能时代舆论的预测预警研究，需要借助大数据处理技术，如自然与处理领域中的方法，对在线社交网络中的用户所留下的数字痕迹进行分析，如浅层神经网络语言模型、情感分析技术、图网络方法、社会网络分析方法等。这是后续研究方向之一，也是本文课题拟研究的方向。

5 基于全媒体数据的重大突发事件舆论治理辅助决策系统

智能时代下针对突发事件进行舆论理论、方法和模型方面的国内外研究中，针对舆论的生命周期、各阶段特征、公众情感倾向性、舆论反转、预测预警等方面的研究，目前虽都有涉猎，但是具体针对突发事件的舆论演化过程以及规律研究，并且基于这些研究进行舆论的预测预警的研究，尤其是从新闻传播领域出发的学术研究还不够丰富，且并没有涉及此研究领域的痛点。基于此背景展开，具体地，从突发事件舆论热点的多属性网络建模出发，通过文本挖掘技术对突发事件引发的舆论热点内容进行主题提取，并根据在线用户的行为构造出多属性网络。同时，从网络的用户行为中提取舆论反馈信息，发现突发事件舆论热点的主题，并采用量化模型，挖掘发现各个主题之间的关联关系，从而形成突发事件舆论发展的推演路径。然后，采用情感分析技术，对这些新闻文本进行情感极性分析，以及具体一些情绪的分类。最后，结合舆论传播的主体演化关联关系和情感分析过程——以多个具有代表性的突发事件为例，找出在线社交用户在舆论中各自不同的关注点，从而得到突发事件舆论的传播对在线社交用户的影响关系，进行预测预警研究，为政府、企业处理突发事件决策提供依据。以下将从多属性网络的定义与建模分析、突发事件的耦合演化与关联分析、基于全媒体数据的重大突发事件舆论预测预警等方面对研究方法进行梳理。

5.1 多属性网络的定义与建模分析

多属性网络又称超网络，目前还没有统一的概念界定，不同的研究者也用不同的术语来表示，如 multi-layer networks、multi-level network 等。多属性网络，即超网络，是从一般的网络发展而来。18 世纪数学家欧拉对 Konigsberg（哥尼斯堡）七桥问题进行建模和分析，开创了图论这一研究领域。一般典型的静态网络是由很多"节点"和连接节点之间的一些"连边"组成。

在这些网络中，节点可以用来代表现实生活，也就是实际系统中的不同的个体，而连边可以用来表示这些节点之间具有的某种特定的关系。那么，根据这些节点和连边，就会将所讨论的不同个体之间的复杂关系采用可视化形式表示出来，形成常见的网络图。结合实际系统中的不同"流"——物流、能流、信息流、资金流，构成的网络随着时间的延伸而出现了变化，且随着网络规模的日益扩大、复杂，原来的静态网络并不足以表达实际系统的变化，也就是并不能完全刻画出真实世界网络的特征。一是因为网络中的节点和连边自身的属性在不断丰富变化中，数量规模也在不断增加，连接形式也呈现出松散、紧密等多种形式而不再单一；二是因为人们不仅要求从各自专业角度研究这些网络，而且更加关注表示不同类别系统网络的结构和运行中的共性[19]，那么就需要更加精确的工具和方法对实际系统进行描述。

多属性网络的概念最早是由Sheffi[20]提出，之后Nagurney等[21]提出用超网络（super network）来刻画网络之间的相互作用和影响，并总结出一些基本特性：多层特性、多级特性、多维特性、多属性特征、拥塞性、协调性。也有学者基于超图（hypergraph）定义了另一类的超网络（hypernetwork），与super network不同，超图中的连边可以连接两个以上的节点，称为超边[22~24]。就网络结构而言，社会网络和供应链网络可以构成一个符合上述特征的多属性网络。

多属性网络的实质是突破传统单个网络中连边同质性的限制，最初研究者用不同的颜色标记网络中不同的连边。但这一做法必然产生一对节点存在多重连边问题。除了多重连边问题，采用单个网络刻画在实际系统过程中也会出现其他问题，如在构建合作论文作者网络过程中，一般传统的单个图或者网络只能刻画作者之间是否存在合作关系，但不能表示出这一篇论文是否有三个或者更多的作者合作。虽然二部图可以用来解决此类问题，分别用两组各不相交的点集表示论文和作者，但是就科学问题本身而言，处理连通性、集聚性等拓扑性质的时候，这两组节点集合却有着不同解释，失去了节点"同质性"的前提条件，导致研究过程出现解释歧义的问题[25]。为避免这些问题，研究者便开始运用不同的分层来表示不同的联系类型，于是便形成了多属性网络。严格的多属性网络的特点是在每一层中都存一个单个网络，每一层网络的节点集相同或者存在一定的交集，而层与层之间不存在连边，或仅同样节点之间存在连边，每层网络内的连边具有不同的属性，因此多属性网络的层数等于连边的类型数。

在舆论分析中，多属性网络的结构特征正在被逐步发现，其所发挥的刻画复杂舆论系统的作用正在逐步被挖掘和展现。可以建立包括了社交子网、环境子网、心理子网和观点子网的舆论超网络模型来刻画展现网络舆论的特征，进而分析意见领袖对舆论引导的作用。针对非常规突发事件舆论的构成要素——信息、网民、心理和观点，构建非常规突发事件社会舆论超网络模型。综合考虑在线社会网络（线上网络）和物理接触网络（线下网络），构建线上线下的双层耦合网络模型，提出层间对称和非对称的促进—抑制舆论传播机制。通过微博舆论场，建立了超网络模型，对其中包含的子网络及其之间的关系进行了分析，定量讨论不同个体在微博舆论场中的状态变化以及舆论的演化。进一步，构建包含用户—观点—情感—时序阶段四层子网的超网络模型，分析舆论在现实空间和虚拟空间中进行耦合传播的相互作用与演化特征。在舆论演化的过程中，单纯观察用户观点在网络中的演化，会忽视了事件发展产生的舆论主题变化。

因此，在构建突发事件舆论的多属性网络时，需要重点突出突发舆论事件新闻主题的提取生成，将主题因素引入多属性网络建模，并分析不同用户-主题之间的多属性网络演化机制和用户行为统计特征。

5.2 突发事件的耦合演化与关联分析

目前，国内外学者正积极地探索舆论事件的关联分析，然而并没有一种普适的分析模式。具有代表性的研究范式主要有四种：①中文文本挖掘与情感分析的研究思路，挖掘内容、主题或观点的关联及演化。根据情感维度理论，从情感的种类、情感的转换、情感的唤起等维度建构大数据网络环境下舆论信息情感维度要素关联模型。②基于模型匹配构建事件的关联。基于马尔可夫逻辑网络框架，通过一阶逻辑的完全表达来简明地表示复杂事件，以及用概率推理不确定事件。③通过网络舆论演化挖掘事件关系。根据网络舆论演化的关键要素，运用可拓聚类理论和方法对网络舆论的演化趋势进行建模并预测，通过聚类分析得到预测结果。④基于统计与计量模型的刻画与预测。提出了一种基于拐点的预测方法，建立了分段和镜像处理的数学模型。值得注意的是，计量分析方法中，双重差分（difference-in-differences，DID）模型被广泛地应用于政策效果的评价，在舆论分析中，鲜有文献报道。不同主题的影响，拟通过DID模型来分析舆论演化之间的关联关系，作为时间序列分析的一个基准结果。上述研究中，序列模式挖掘是数据挖掘研究热点之一，是指挖掘相对时间或其他模式出现频率高的模式。它与普通的关联规则非常相似，但是可以解决关联规则所不能解决的问题，即在关联模型中增加了时间属性，分析数据间的前后序列关系。序列模式挖掘包括在一组序列中发现有趣的子序列，其中这些子序列可以根据各种标准来测量，如其出现频率、长度和增幅。这些序列模式挖掘算法将序列数据和最小支持阈值（由用户选择）作为输入，并输出频繁顺序模式的集合。序列模式挖掘的优点，在于既考虑到突发事件舆论新闻随时间演化的动态因素，又考虑到不同事件、主题或话题的舆论序列变化关系，同时也包括了舆论可能出现的反转现象，因此，采用序列模式挖掘的方式，可以与传统时间序列方法作对比，发现突发事件舆论新闻特定的传播模式。同时，根据突发事件舆论中各主题演化的关联关系，得出突发事件舆论的传播对用户认知的影响关系。

5.3 基于全媒体数据的重大突发事件舆论预测预警

智能时代如何做好网络舆论预测预警分析，一直是新闻传播领域学者所关注的研究问题。这一问题不得不考虑在线社交网络用户留下的数字痕迹——文本类型数据。网络舆论预警所遵循的主要路线为网络舆论数据采集、热点话题发现、热点话题时间序列数据收集、数据清理及变换、预测模型的建立、网络舆论预测及结果评定。热点话题发现过程一般遵循数据采集、文本处理及话题识别三个步骤。对网民情绪进行细粒度的分析能够把握舆论在发生过程中的情绪比例和走向，对舆论的预测和调控具有重要的现实意义，能够为突发事件的管理部门等利益相关者实时获取舆论的演化情况和了解网民在整个过程中的认知、态度、情感和行为倾向提供借鉴,有助于对网络舆论进行精准预测和风险控制,实现高效的情报服务和应急管理。

微博出现后很快就成为突发事件网络舆论传播的重要载体。因此,针对突发事件的微博主题和情感挖掘对掌握突发事件的网络舆论、识别与预测具有重要意义。基于微博民众负面情绪的监控预警,设计面向突发事件的微博民众负面情绪模型,并结合微博主题监测与跟踪技术及微博情感分析,构建基于微博民众负面情绪实时监控预警框架。以 25 起突发事件作为实验对象,验证了模型可实时正确反映民众负面情绪演化,并结合预警模式给出实时的预警。结果显示,模型可有效针对微博用户进行情感预测,为突发事件中对不同情感倾向的用户进行分类舆论引导提供有力支撑。另外,可利用 TensorFlow、Pytorch 建立舆论深度学习框架,利用图网络以舆论事件为节点,舆论事件之间的关系为边,在贝叶斯网络基础上对网络舆论事件进行演化推理,预测舆论事件的走向。还可以从舆论负面敏感特征、舆论关注程度、舆论传播扩散、网民情感倾向、网民网络行为等方面来综合分析网络舆论自动预警识别。

因此,在构建智能时代突发事件网络舆论预测预警模型过程中,重点关注文本信息,解决不完整文本与全部文本数据之间的相互匹配关系,提炼出一套针对突发事件的预测预警指标体系。

6 管理实践

"十四五"规划明确了"十四五"时期的社会发展目标,在社会治理方面,要求"完善共建共治共享的社会治理制度"。重大突发事件的协同治理是一项极为复杂的"超级工程",近年来随着新型基础设施建设的铺建,大数据中心、云计算中心等快速发展,为社会治理智能化提供了强大的推动力,有助于重大突发事件协同治理效能的快速提升。然而,随着大数据在社会治理中的推广应用,一些问题也随之而来。例如,以智能设备为基础产生的各类客观数据可对城市居民客观行为进行分析,以便实现资源的合理分配,但居民对治理效果的主观评价却无法获知;客观数据对公共设施的建设、配置、维护可进行及时监督管理,但对政府部门服务流程、工作作风等无法直观感知;对于智能化建设起步较晚的城市以及广大乡镇农村地区,又应如何第一时间感知重大突发事件协同治理中的潜在风险,以便及时化解。上述问题通过基层社会组织、政府服务热线、网格员等进行收集、反馈得以一部分解决,但也只能部分覆盖,且存在信息传递不及时、不能综合反映整体情况等问题。

新媒体大数据的应用对上述问题可进行良好的补充。新媒体大数据主要是来自新闻媒体、微博、公众号、论坛、短视频等互联网媒体上的公开数据。这种来自互联网上的新媒体大数据能够很好地帮助政府部门去倾听民情、民意,能够帮助政府更好地实现重大突发事件协同治理的精准化。但从现状上来看,目前社会治理相关部门对新媒体大数据的应用仍有局限性,主要表现在两个方面:一是多数仅关注已引发一定舆论关注度的重大事件的发生发展,而往往容易忽略阶段性舆论态势的发展趋势，不掌握民众日常情绪的淤积以及非常态小事件的累积，直至曝出舆论危机事件；二是对于突发事件往往依赖于关键词方案进行监测，存在易遗漏信息、发现不及时等问题。

基于新媒体大数据在社会治理中的应用探索，上海浦东微热点大数据研究院推出城市治理及公共决策风险防范感知系统。系统以能反映民情、民意的新媒体大数据为基础，融合人工智能技术和区域治理评价指标体系，设计突发事件感知系统、风险防范感知系统、重大事件传播追踪等子系统，对突发事件进行事前预警、事发感知和事中追踪，通过政府内部数据与新媒体大数据的良好融合，为数字治理更多场景赋能。全媒体数据在重大突发事件协同治理中的应用探索主要集中在以下几个方面。

一是事前预警。能否通过全媒体的信息态势感知，在公共问题暴露的早期就感知到群众关注的问题，使其在变成危机之前就把问题提前解决掉，是协同治理中的一个实际问题。事实上，很多事件是可以提前感知群众集中关注的问题，发现潜在风险的，如果我们能够在日常工作中就把这些潜在风险提早发现出来，及时进行处置，可能很多突发危机事件就可以在前期化解掉。基于这种考虑，打造了风险防范感知子系统。

风险防范感知的第一步是将民众诉求信息发掘出来，通过大数据分析与挖掘技术进行信息自动聚合、贴标等对事件进行重新分类，一些能够直接解决的问题，在这一环节直接流转到相关政府部门进行处置。第二步是从发现的所有细小的问题里去寻找它的存在规律。通过分析区域的分布、问题所在领域的分布、部门分布、热度分布等，从中找到矛盾最集中的点、民众反映最强烈的问题。第三步是将互联网上民众的情绪分布与这些事件进行叠加，叠加之后的整个计算结果用来分析潜在风险存在的情况。

二是事发感知。目前，由于移动互联网的高度普及，大多数突发事件的事发现场，只要有网民在，就会第一时间拍照或视频、传到互联网上。这一类信息在突发事件感知中可以作为政府内部报警、投诉热线等信息来源的一个良好的补充。基于此，研究团队研发了第二个子系统——突发事件感知系统。这个系统与之前通过关键词监测，在庞大的信息流里用人工挑拣的方式不一样，基于人工智能技术，能够自动、主动地发现事件。系统以微博、论坛、贴吧等媒体平台的实时信息为依托，基于各种类型的突发事件数据模型，并结合时间信息和地理定位信息进行时空运算，从而在第一时间精准捕捉到某区域内突发事件。突发事件感知系统能够快速发现城市处于苗头期的问题，并且通过热度观察迅速判断问题所处阶段并做出预警，目前已支持对消防、民生、教育、医疗、灾害、交通、市政等城市突发事件的感知。

三是事中追踪。事前预警、事发感知能够帮助政府部门在突发事件发生之前，更好地发现问题、解决问题，并在突发事件发生之时进行应急处置。在突发事件发生后，解决问题最关键的一点是"解决人的问题"，如事发现场的现状、求助、公众对突发事件认知等问题，这些都是不可忽视的。为此，突发事件跟踪分析系统可以帮助相关部门更加细致精准地施策。

新媒体大数据解决方案可帮助政府部门在提升重大突发事件协同治理能力上解决三个方面的问题。

一是新媒体大数据的应用难题。新媒体大数据在直观反映社情民意方面的作用，其实长久以来都得到社会共识，但却囿于数据获取难度大、提炼分析难度大等，而未得以真正发挥作用，目前仅是在舆论领域得以广泛应用。新媒体数据和投诉数据大多是非结构化数据，且数量庞大、信息冗杂，比结构化的政府内部数据应用难度大，这就需要拥有自然语义分析能力、复杂计算能力，同时在线并行进行海量数据分析处理能力的相应系统来解决这一难题。

二是打破"信息孤岛"现状。新媒体大数据的特点是来自公开的互联网平台，对于问题的反馈不受部门、地域、时间、通道的限制，时效性强，不需人工层层筛选，及时性、真实性更强，任何有技术条件的部门均可采用。同时，在实际应用中，智慧城市管理部门正在不断探索新媒体大数据更多、更深入的应用场景，将新媒体大数据与政府内部数据相结合，采用数据互补、数据互相比对、融合呈现的方式，形成了较完善的突发事件发现和处置流程。通过这种内外部数据相结合的方式，解决信息及时性、真实性、全面性问题。

三是解决对舆论态势及时、全面感知的问题。越来越多的实际案例提醒我们，对舆论状况仅仅做事后的监测追踪是远远不够的，时时把握瞬息万变的舆论场态势，了解民众情绪分布及其原因，从非常态小事件中感知潜在风险，这些都是社会治理深入发展过程中需解决的问题。

参考文献

[1] 徐选华，刘尚龙，陈晓红.基于公众偏好大数据分析的重大突发事件应急决策方案动态调整方法[J].运筹与管理，2020，29（7）：41-51.

[2] 王众托."元决策"：决策的顶层规划与设计[J].清华管理评论，2019，10：6-8.

[3] 习近平:更好发挥互联网在倾听人民呼声 汇聚人民智慧方面的作用[EB/OL]. http://cpc.people.com.cn/n1/2020/0926/c64094- 31875769.html[2020-09-26].

[4] "十四五"规划和2035年远景目标纲要[EB/OL]. http://www.xinhuanet.com/2021-03/13/c_1127205564_2.htm [2021-03-13].

[5] 应急管理部发布2020年全国自然灾害基本情况[EB/OL]. http://www.gov.cn/xinwen/2021-01/12/content_5579258.htm[2021-01-12].

[6] 陈国青，吴刚，顾远东.管理决策情境下大数据驱动的研究和应用挑战——范式转变与研究方向[J].管理科学学报，2018，21（7）：1-10.

[7] 习近平.习近平谈治国理政[M].北京：外文出版社，2017.

[8] Savigny H. Public opinion, political communication and the internet [J]. Politics, 2002, 22（1）: 1-8.

[9] McCombs M, Shaw D L. Agenda setting theory[EB/OL]. https://www.sciencedirect.com/topics/social-sciences/agenda-setting-theory[2022-05-01].

[10] Zhu J H. Issue competition and attention distraction: a zero-sum theory of agenda-setting. Journalism [J]. Quarterly, 1992, 69: 825-836.

[11] DiMaggio P, Evans J, Bryson B. Have American's social attitudes become more polarized?[J]. American Journal of Sociology, 1996, 102（3）：690-755.

[12] Glynn C J, Huge M E. Public opinion[J]. Ploughshares, 2008, 45（2）：116-120.

[13] Davison W P. The Public Opinion Process[J]. The Public Opinion Quarterly, 1958, 22（2）：91-106.

[14] Turner B A. The development of disasters—a sequence model for the analysis of the origins of disasters [J]. The Sociological Review, 1976, 24（4）：753-774.

[15] Fink S. Crisis Management：Planning for the Inevitable [M]. New York：Amacom, 1986.

[16] 陈安，马建华，李季梅，等. 现代应急管理应用与实践[M]. 北京：科学出版社，2010.

[17] Li R D, Ma H T, Wang Z Y, et al. Entity perception of Two-Step-Matching framework for public opinions [J]. Journal of Safety Science and Resiliencem, 2020, 1：36-43.

[18] Li R D, Guo Q, Zhang X K, et al. Reconstruction of unfolding sub-events from social media posts [J]. Frontiers in Physics, 2022, 10：918663.

[19] 王众托，王志平.超网络初探[J]. 管理学报，2008，（1）：1-8.

[20] Sheffi Y. Urban Transportation Networks：Equilibrium Analysis with Mathematical Programming Methods [M]. Upper Saddle River：Prentice Hall, 1985.

[21] Nagurney A, Dong J. Supernetworks：Decision-Making for the Information Age [M]. Oswego：Edward Elgar Publishing, 2002.

[22] 王众托. 关于超网络的一点思考[J]. 上海理工大学学报，2011，33（3）：229-237.

[23] 黄汝激. 应用超图理论实现有向基本割集矩阵[J]. 电子科学学刊，1992，1：50-60.

[24] Wang J P, Guo Q, Yang G, et al. Improved knowledge diffusion model based on the collaboration hypernetwork [J]. Physica A：Statistical Mechanics and its Applications, 2015, 428：250-256.

[25] Wang J P, Guo Q, Zhou L, et al. Dynamic credit allocation for researchers [J]. Physica A：Statistical Mechanics and its Applications, 2019, 520：208-216.

Public Opinion Management of Emergencies Based on Omnimedia Data

Liu Jianguo[1,3], Gao Wei[2], Liu Yidong[2]

（1. Institute of Accounting and Finance, Shanghai University of Finance and Economics, Shanghai 200433, China；2. Shanghai Pudong WRD Big Data Research Institute, Shanghai 201203, China；3. Institute for Global Communications and Integrated Media, Fudan University, Shanghai 200433）

Abstract：The omnimedia situation has given birth to a new public opinion ecology, which provides opportunities for the real-time perception, emergency response and collaborative governance of the public opinion of major emergencies from the perspective of omnimedia data. In the era of intelligence, it is urgent to analyze the energy contained in omnimedia data, take the fundamental goal of improving the comprehensive management capacity of major emergencies, and develop a decision support system for public opinion perception, prediction and early warning, and comprehensive governance for major emergencies. First, the theory and model of public opinion communication from the perspective of communication are reviewed. Secondly, the paper systematically analyzes the evolution of public opinion of emergencies. Furthermore, the public opinion perception, prediction and governance system of major emergencies based on omnimedia data is proposed. Finally, a public opinion perception, emergency response and collaborative governance auxiliary decision support system for major emergencies under the omnimedia data is established. The public opinion perception and collaborative governance system for major emergencies based on omnimedia data is of great significance for perceiving and resolving social contradictions and improving the modernization of national governance system and governance capacity.

Keywords: social governance; omnimedia data; emergencies; evolution model

洪涝灾害诱发的城市系统性风险管理*

刘高峰[1,2],王慧敏[1,2],黄晶[1,2],朱锦迪[2],陶飞飞[3]

(1. 河海大学 水文水资源与水利工程科学国家重点实验室,南京 210098;2. 河海大学 商学院,南京 211100;3. 河海大学 信息学部,南京 211100)

摘要:从城市洪涝灾害典型事件来看,洪涝灾害会带来水网电网中断、交通瘫痪、山体滑坡、瘟疫等诸多次生衍生灾害,这些灾害连锁与叠加效应会带来远比单一灾害大得多的损失后果。城市多灾种及灾害链的研究已成为国内外关注的前沿热点。现有研究主要关注单一灾害的风险评估、应急响应等,亟须科学辨识多灾时空耦合关系、宏观统筹系统性风险防控,提升城市防灾减灾能力。本文从系统性风险视角出发,提出了洪涝灾害诱发的城市系统性风险定义与内涵,描述了洪涝灾害及其次生衍生灾害的扩散过程;通过梳理现有城市洪涝灾害研究不足,提出洪涝灾害诱发的城市系统性风险扩散机理、风险评估、应急响应等未来研究热点和关键科学问题;进一步提出大数据驱动下城市系统性风险分析、融合人群行为的城市系统性风险预警、以公众参与为基石的城市系统性风险防控机制等研究方向。

关键词:洪涝灾害;城市系统性风险;风险扩散;风险管理

1 引言

2020年联合国发布《灾害造成的人类损失2000—2019》报告指出,全球自然灾害总数在大幅攀升,其中,洪水和风暴仍是发生频次最高、损失最严重的灾害事件,占自然灾害的70%

---

* 基金项目:国家自然科学基金重大研究计划重点资助项目"城市洪涝灾害预警与全景式决策云平台"(91846203);国家自然科学基金资助项目"洪涝灾害诱发的城市系统性风险:扩散机理、灾害评估与应急响应策略"(72174054);国家自然科学基金资助项目"大数据感知下'人群—场所'交互的城市洪涝灾害风险模拟与预警"(42171081)。

作者简介:刘高峰(1980—),男,湖北红安人,河海大学商学院副教授、硕士生导师,主要研究方向:管理科学与系统工程、灾害风险与应急管理。黄晶(1986—),女,江苏宜兴人,河海大学商学院副教授、硕士生导师,主要研究方向:灾害风险与应急管理、大数据分析与挖掘。朱锦迪(1997—),女,硕士研究生,山东济南人,主要研究方向:应急管理。陶飞飞(1980—),男,江苏兴化人,河海大学信息学部计算机与信息学院高级工程师、硕士生导师,主要研究方向:决策支持系统、大数据分析技术。

通信作者:王慧敏(1963—),女,山西阳泉人,河海大学教授、博士生导师,主要研究方向:管理科学与系统工程、灾害风险与应急管理、资源环境复杂系统管理。

以上[1]。城市是人口和资产的聚集地，也是洪涝灾害风险之地，据水利部统计，我国平均每年有超过 180 座城市进水受淹或发生内涝，2020 年，北京、上海、广州、深圳等 100 个城市被列为易涝城市[2]，城市"看海"已成常态。洪涝灾害号称"百害之首"，是很多灾害链式效应中的重要一环，同时洪涝灾害本身也会带来次生衍生灾害。例如，2005 年，美国卡特里娜飓风引起大规模洪涝灾害，洪水消退后带来严重污染和瘟疫；2012 年，北京"7·21"暴雨洪涝事件导致 79 人死亡、95 条道路中断，引发交通瘫痪事件和两场泥石流灾害等；2018 年 8 月，深圳暴雨内涝造成河堤坍塌、山体滑坡、围墙倒塌等；2020 年 6~8 月，我国南方地区发生大面积暴雨洪涝灾害[3]，造成部分地区交通瘫痪、工商业损失、供电供水市政基础设施破坏等一系列链式灾害；2021 年，河南郑州"7·20"罕见特大暴雨灾害被国务院调查组认定为一场因极端暴雨导致严重城市内涝、河流洪水、山洪滑坡等多灾并发的特别重大自然灾害，因灾死亡失踪 398 人，直接经济损失 1200.6 亿元。可见，洪涝灾害跟人、社会、经济的关系极为密切，正是由于这种密切的关联关系，一旦洪涝灾害发生，极有可能引发水网电网中断、交通瘫痪、瘟疫、死亡以及泥石流、堰塞湖、山体滑坡等其他次生衍生灾害，这些灾害连锁与叠加效应将带来远比单一灾害大得多的损失后果，甚至是系统性、灾难性的影响，严重威胁城市公共安全和高质量发展。科学认识洪涝灾害诱发的城市系统性风险是城市公共安全应急响应的基础和前提。城市应急响应不能从单一维度或单一坐标来思考城市洪涝灾害系统可能的影响，应深刻理解城市洪涝灾害系统中的复杂关联关系，从系统性角度去认识洪涝灾害带来的综合风险，以提升城市整体应急管理效率、降低应急成本。然而，在实际城市洪涝灾害应急处置过程中，往往出现对风险扩散机理认识不清、灾害风险低估、各部门分裂应对、短时行为等，对灾害系统性风险认知不足，缺乏对城市洪涝诱发的灾害系统中多灾种、多要素、多过程、多承灾体的复杂时空关联关系的深刻认识。因此，开展洪涝灾害诱发的城市系统性风险分析、评估和应急管理工作是提升城市治理效能、保障城市公共安全的基础任务之一。

2 洪涝灾害诱发的城市系统性风险内涵及扩散过程

系统性风险的概念来源于复杂系统学科，认为系统组分间的复杂联系使得风险相互关联与传递，形成复杂的风险网络，局部失灵或扰动可能会产生灾难性的影响[4]。在城市系统中，气候变暖和城镇化建设使得城市暴雨事件增多，暴雨引发城市洪涝灾害，洪涝灾害引发城市道路淹没、房屋财产损失、基础设施损毁、交通中断、灾后疫情等一系列次生灾害与衍生灾害，形成灾害事件演化链或演化网络。城市洪涝诱发的灾害系统就是一个包含气候、水文、社会、经济、环境、技术等多类风险相互关联的风险网络，洪涝灾害诱发的城市系统性风险就是指在这类多元风险网络中洪涝灾害系统某局部的失灵或扰动可能会给城市带来连锁的、灾难性的影响。其具体内涵体现在：①它是人与自然关系的一种表现，是一个暴雨洪涝形成的自然过程与城市人类社会经济活动相互作用下的复杂系统，具有时空特征，其风险大小不仅与气象水文有关，还与城市人口、经济、基础设施、应急能力等人类活动行为有关，城市化扩张、人口资产密集增加了城市系统性风险形成与时空演变的复杂性；②它是一种跨界的复合风险，具有超越灾区殃及全局的危害性质，如暴雨洪涝引发交通瘫痪事件、泥石流灾害、水污染、瘟疫等次生衍生灾害（图1），这些不同灾害在时空上有相互作用、相互叠加的影响，从而形成跨地区、跨领域（洪涝风险、环境风险、技术事故风险、经济风险等）、跨部门（水利、交通、环境、卫生等）的复合型风险。可见，洪涝灾害诱发的城市系统性风险具有多维性、密集型、连锁性、叠加性等复杂特性及关联关系。

图 1　城市洪涝灾害诱发的次生衍生灾害

考虑洪涝灾害影响的城市系统是一个复杂系统，暴雨造成的洪涝灾害给人类社会活动造成重大影响，而社会活动又与土地利用密切相关，土地利用规划及城镇化建设改变了城市下垫面，反过来影响城市水文循环和降雨，从而形成了一个暴雨洪水与社会经济格局多层嵌套的互馈动态响应过程。当这个多维互馈动态响应过程的某局部失灵或发生扰动，其风险超出区域社会经济系统承载能力时，城市系统性风险就产生了。城市系统性风险具有明显的空间属性，灾源的潜在事故能量在周围空间上衍射，呈现出时空扩散的特点（图2）。两个灾源之间存在相互灾害风险威胁，灾害系统中的物体受到灾害风险威胁，灾害风险大小与灾源风险程度成正比，与灾源间距离成反比。洪涝灾害诱发的城市系统性风险不仅包括灾害链本身，还应该包含更广的内涵，如洪涝灾害影响下的城市空间自然属性、物质属性、社会属性、生态属性等多维属性的融合，多个灾害风险事件在时空上的叠加效应（如链发、群发、次生、协同、加和）。其系统性风险的刻画应该考虑将位置、概率、损失、脆弱性、暴露性等重要概念及不同空间属性更好地整合起来，它是一个更加全面、系统的风险概念。与传统的灾害风险管理相比，洪涝灾害诱发的城市系统性风险管理实现了从"单灾种"向"多灾种"、从"灾害形成机理"到"灾害扩散机理"、从"单一灾害预测应对"到"系统性风险情景推演与共治"的转变。

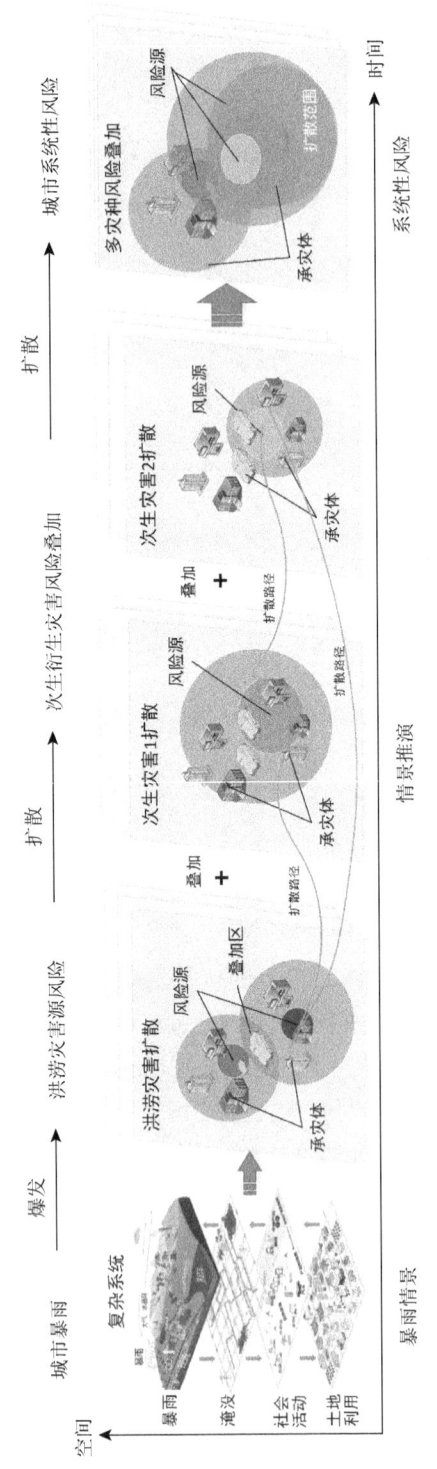

图 2 洪涝灾害诱发的城市系统性风险形成及扩散过程

3 当前城市洪涝灾害风险管理研究与不足

到2050年,全世界80%的人口将生活在城市地区[5]。基础设施、产业和人口前所未有的集群化影响了城市下垫面和水文循环,热岛、雨岛效应凸显,导致近年来城市暴雨洪涝灾害频发,洪涝灾害已成为城市的主要灾害之一,灾难风险管理研究的重点转移到了城市。城市洪涝灾害风险管理一直以来都是学者关注的热点,并产生了一系列丰硕成果。

(1)城市洪涝灾害风险的研究已相对成熟。城市洪涝灾害的研究主要集中在暴雨洪涝形成过程与演化规律、洪涝灾害风险评估、防汛调度与应急响应方面。在暴雨洪涝形成过程与演化规律方面,基于SWMM(storm water management model,暴雨洪水管理模型)、InfoWorks(城市排水系统的水文水质计算模型)、STORM(storage treatment overflow runoff model,城市暴雨径流计算模型)等水文模型数值仿真的城市洪涝过程模拟是其主流方法[6,7],可以实现城市洪涝淹没面积、深度、速度的定量计算和可视化。也有学者利用数据分析技术、机器学习方法研究城市洪涝淹没以及影响因素[8~10]。在洪涝灾害风险评估方面,主要有历史灾情评估法[11]、指标体系评估法[12]、遥感影像评估法[13]和情景模拟评估法[14,15],从不同区域、不同尺度对洪涝灾害风险进行量化计算、等级区划或绘制风险图,为防洪决策提供科学依据。防汛调度方面聚焦在基于流域、中小河流的防洪调度优化模型及指挥调度决策支持系统的研发[16~18];而应急响应管理方面侧重于"一案三制"(一案三制是指突发公共事件的应急预案、应急机制、应急体制和应急法制)编制以及应急决策模型、应急方案生成方法、应急合作管理的研究[19,20]。

(2)城市多灾种及灾害链的研究兴起。由于灾害的多种驱动因素和对人类环境的多重影响,基于单一灾害的分析已经无法完全刻画灾害带来的所有直接和间接风险,多数学者认为多灾害的耦合互动作用可能导致更严重的后果[21]。于是,多灾种及灾害链的研究开始兴起,主要以气象灾害和地震灾害相关的灾害链为主,相关研究可以归结为两个方面:一是多灾种复杂关系;二是多灾种风险评估。多灾种复杂关系主要描述灾害间存在复杂的触发、伴随关系,其研究主要包括耦合关系、级联效应、灾害链、多米诺效应等[22,23],有学者将多灾种的相互关系划分为三类——灾害群、灾害链以及灾害遭遇,并对这三种关系做了概念界定以及案例分析[24],也有学者根据时空耦合机制将多灾种分为并发多灾、多重危害叠加、累积多重危害、级联多重危害、长期/突发性多灾五个典型类别[25],但多以定性分析为主。多灾种风险评估可大致分为两个视角:一是评估某个特定地理位置的多种独立灾害风险叠加,叠加方法主要是"风险结果的综合"和"风险要素的综合"两种[26~28];二是基于灾害间复杂的触发、伴随关系,对不同灾害事件之间可能的相互作用或链式效应进行风险评估[29~31]。两者的本质区别在于有无考虑灾害间的相互作用关系,大多数研究认为灾害相互作用是灾害风险评估的重要考虑因素。但由于灾害之间互相作用的复杂性,相关自然、技术和社会系统的相互作用和相互依存关系难以定量刻画,基于多灾种及灾害链时空演化物理机理的风险评估模型研究较为少见,目前仍处于探索阶段。

(3)洪涝灾害诱发的城市系统性风险的研究不足。城市灾害风险的研究已经从过去对火灾、爆炸、地震、洪涝、台风等单一灾害的风险评估,逐步转向对城市多灾种、灾害链、灾害群的综合评估,可见,多灾种综合风险的研究是未来灾害领域研究的趋势和热点。目前,针对洪涝灾害诱发的城市系统性风险的研究不足,体现在以下三个方面:一是缺乏对洪涝灾害诱发的城市系统性风险的认识。尽管已有文献关注气象灾害有关的多灾种风险分析,但多以定性分析为主,且对灾害诱发机理、风险扩散机理的认知不足。二是对洪涝灾害诱发的系统性风险在物理时空上情景演化过程的定量刻画与风险评估不足。现有城市洪涝灾害的研究主要集中在从水文水动力学角度模拟城市暴雨洪涝演进过程,从概率统计角度进行风险分析与风险识别,以及基于遥感、损失函数、综合指标等方法进行洪水风险评估等,鲜有对洪涝灾害及其次生衍生灾害在物理时空上的扩散、叠加、演化过程定量刻画的研究。三是缺乏对城市系统性风险应急响应的研究。目前应急响应的研究主要针对单一灾种的"一案三制"开展,这种部门分裂应对、短时行为往往导致应急处置时缺乏宏观统筹,合作效率低下,极度缺乏针对城市系统性风险的"一案三制"研究。

4 未来研究热点与关键科学问题

在梳理了城市洪涝灾害风险管理及城市多灾种与灾害链研究的基础上,总结洪涝灾害诱发的城市系统性风险未来研究热点以及亟待解决的关键科学问题。

4.1 洪涝灾害诱发的城市系统性风险扩散机理

城市化扩张、人口资产密集增加了城市系统性风险形成与时空演变的复杂性。首先,城市热岛效应导致城市大气层结构不稳定,城市参差不齐的建筑物对气流有阻碍作用,城市空气污染导致凝结核丰富,这些热岛效应、阻碍效应和凝结效应有利于城市降水的形成;其次,城市地面硬化、河道渠化及排水系统管网化显著改变了自然条件下的产汇流机制,城市发展侵占天然河道滩地导致行洪能力下降,这些城市孕灾环境变化改变了水文情势及灾害演变过程。目前,洪涝灾害风险管理的系统分析主要是从致灾因子—孕灾环境—承灾体或危险性—暴露性—脆弱性这些理论框架来开展,体现了要素及要素之间的关联性。洪涝灾害诱发的城市系统性风险,不仅要体现要素关联性,还要体现灾害风险的时空关联性、过程关联性,因此,城市洪涝灾害的风险源、扩散路径、承灾体等相关要素、过程之间的复杂空间关联关系是量化城市系统性风险的前提和关键。

描述和界定洪涝灾害诱发的城市系统性风险,基于城市历史洪灾场景,分析暴雨洪水、土地利用、河流水系、人口分布、应急措施等洪涝灾害诸要素的时空特征及多维动态响应关系,厘清城市洪涝灾害及其次生衍生灾害在时空上的发展全过程,辨明其关键影响要素;从物理时空角度分析城市系统性风险中的原生灾害、次生灾害形成过程,以及人、建筑、交通、电网、燃气等典型承灾体的时空分布及其易损性特征,刻画风险源与承灾体、不同承灾体之间的关联关系相互作用机制。基于要素—过程的关联网络,对城市洪涝灾害情景进行推演,探究洪涝灾害诱发的城市系统性风险扩散过程与演化机理。

4.2 洪涝灾害诱发的城市系统性风险评估

系统性风险评估的方法创新是未来重要研究方向。目前以综合指标方法为主的多灾种、灾害链、灾害群综合风险分析与评估研究,受限于传统方法各自的局限,无法很好地反映多种关联灾害在时空上的扩散、叠加、演化过程。暴雨洪水往往呈现出面状源(降水)和线状源(沿河流汇聚)向周围扩散,灾害风险的大小不仅与灾害源风险程度(如降雨大小)有关,还与空间距离有关,是灾源的潜在事故能量在周围空间上的衍射。因此,从空间角度去定量刻画洪涝灾害风险及其诱发的次生衍生灾害风险的态势、变化梯度和多灾种合成,是评估城市系统性风险的核心。

洪涝灾害及其次生衍生灾害一般具有概率低、难以预测、后果严重、影响范围广等特点,传统的"预测—应对"型应急决策范式已经难以满足日益复杂不确定性的环境,必须向"情景—应对"型转变。因此,有必要对城市洪涝诱发的灾害系统进行情景推演,探索不同情景下的城市洪涝灾害风险和派生(次生衍生)风险的扩散梯度计算方法及承灾体的易损性,建立多灾种在时空上的风险合成模型,动态呈现不同时刻、不同区域洪涝灾害诱发的城市系统性风险演变的过程,为城市应对未来不确定的系统性灾难提供一种科学依据。

4.3 洪涝灾害诱发的城市系统性风险应急响应

应急管理对城市洪涝灾害风险演化有着重要影响,科学合理的应急响应策略对防灾减灾具有重要指导意义。现有城市灾害的应急响应主要借助不同灾种防灾减灾指挥调度决策支持系统和一案三制来实施,当多灾种并发,发生连锁反应时,这种应急方式往往缺乏系统性思考和城市应急资源的统筹安排,城市灾害应急响应效率不高。洪涝灾害诱发的城市系统性风险体现了多种灾害风险的连锁、叠加、扩散的规律,相应的应急响应策略也应该与系统性风险动态过程相结合、相匹配。

基于现有城市洪涝灾害及其次生衍生灾害的相关应急预案,考虑洪涝灾害及其次生衍生灾害风险场应急处置的共性及异质性特点(如排涝与治污的技术手段异质性、应急物资运输调配的共性等),在城市系统性风险评估基础上对原有应急预案体系、机制、流程等进行整合和重构,建立集多种灾害应急处置于一体的应急预案。研究应急响应措施实时动态优化方法,建立"情景—响应—评估—修正—再响应—再评估"动态循环的响应过程。

5 结语

在气候变化与城市化背景下,城市洪涝灾害频发,造成严重的社会经济问题,如经济损失、交通堵塞、人员伤亡等，城市洪涝已成为城市公共治理亟须解决的问题。我国正处于提质赋能的新时代，在社会经济转型下，城市洪涝灾害的孕发机制、成灾机理、影响范围等特征也随之不断变化，重新科学认识城市洪涝灾害风险及其带来的潜在次生衍生风险是灾害防控的首要问题，也是国家战略的需求。在大数据、物联网、云计算等新型信息技术的推动下，未来洪涝灾害诱发的城市系统性风险管理仍需在以下方面突破、创新：①大数据驱动的城市系统性风险分析。突破领域边界，集成不同灾种、不同领域的大数据，并建立数据集成的共享与更新交换机制，深度融合模型驱动和数据驱动，以更细粒度的数据形式和更高的数据成像呈现城市洪涝灾害过程。②融合人群行为的城市系统性风险预警模式研究。将物流、人群移动、救灾物资储备等社会行为数据融入灾害预报预警模式，完善灾害预警预报发布路径与机制，提升精准防灾减灾效率与能力。③多元共治、社会协同的城市系统性风险防控机制研究。面对城市系统性风险，必须推进政府引导下多元主体的有序参与，创造公众参与的制度环境和设施条件，充分发挥社会公众的基石作用，形成全社会防灾减灾的强大合力。

参考文献

[1] The Centre for Research on the Epidemiology of Disasters, United Nations Office for Disaster Risk Reduction. The human cost of disasters: an overview of the last 20 years (2000-2019) [R]. Geneva: The United Nations, 2020.

[2] 住房和城乡建设部办公厅关于做好2020年城市排水防涝工作的通知[EB/OL]. http://www.gov.cn/zhengce/zhengceku/2020-03-26/content_5495897.htm [2020-03-26].

[3] 应急管理部公布2020年全国十大自然灾害[EB/OL]. https://www.mem.gov.cn/xw/yjglbgzdt/202101/t20210102_376288.shtml[2021-01-02].

[4] Bi J, Yang J, Liu M, et al. Toward systemic thinking in managing environmental risks[J]. Engineering, 2021, 7 (11): 1505-1650.

[5] United Nations Department of Economic and Social Affairs. 2018 Revision of world urbanization prospects[R]. New York: United Nations, 2019.

[6] Tanaka T, Tachikawa Y, Ichikawa Y, et al. An automatic domain updating method for fast 2-dimensional flood-inundation modelling [J]. Environmental Modelling & Software, 2019, 116: 110-118.

[7] 曾照洋, 赖成光, 王兆礼, 等. 基于WCA2D与SWMM模型的城市暴雨洪涝快速模拟[J]. 水科学进展, 2020, 31 (1): 29-38.

[8] Jamali B, Bach P M, Cunningham L, et al. A cellular automata fast flood evaluation (CA-ffé) model [J]. Water Resources Research, 2019, 55 (6): 4936-4953.

[9] 徐宗学, 程涛, 洪思扬, 等. 遥感技术在城市洪涝模拟中的应用进展[J]. 科学通报, 2018, 63 (21): 2156-2166.

[10] 徐艺扬, 李昆, 谢玉静, 等. 基于GIS的城市内涝影响因素及多元回归模型研究——以上海为例[J]. 复旦学报（自然科学版）, 2018, 57 (2): 182-198.

[11] 方建, 李梦婕, 王静爱, 等. 全球暴雨洪水灾害风险评估与制图[J]. 自然灾害学报, 2015, 24（1）: 1-8.

[12] Rubio C J, Yu I S, Kim H Y, et al. Index-based flood risk assessment for Metro Manila[J]. Water Supply, 2020, 20（3）: 851-859.

[13] 王远坤, 王栋, 黄国如, 等. 城市洪涝灾情评估与风险管理初探[J]. 水利水运工程学报, 2019,（6）: 139-142.

[14] Lowe R, Urich C, Domingo N S, et al. Assessment of urban pluvial flood risk and efficiency of adaptation options through simulations—a new generation of urban planning tools[J]. Journal of Hydrology, 2017, 550: 353-367.

[15] Jato-Espino D, Lobo A, Ascorbe-Salcedo A. Urban flood risk mapping using an optimised additive weighting methodology based on open data[J]. Journal of Flood Risk Management, 2019, 12（S1）: e12533.

[16] Chen J, Zhong P, Liu W, et al. A multi-objective risk management model for real-time flood control optimal operation of a parallel reservoir system[J]. Journal of Hydrology, 2020, 590, 125264.

[17] 朱迪, 梅亚东, 许新发, 刘章君. 复杂防洪系统优化调度的三层并行逐步优化算法[J]. 水利学报, 2020, 51（10）: 1199-1211.

[18] 黄艳, 李昌文, 李安强, 等. 超标准洪水应急避险决策支持技术研究[J]. 水利学报, 2020, 51（7）: 805-815.

[19] 王慧敏, 刘高峰, 陶飞飞, 等. 非常规突发水灾害应急合作管理与决策[M]. 北京: 科学出版社, 2016.

[20] Löwe R, Dean G, Domingo N S, et al. Rethinking data-driven decision support in flood risk management for a big data age[J]. Journal of Flood Risk Management, 2020, 13（4）: e12652.

[21] Wang J, He Z, Weng W. A review of the research into the relations between hazards in multi-hazard risk analysis[J]. Natural Hazards, 2020, 104（3）: 2003-2026.

[22] Tickamyer A R, Kusujiarti S. Riskscapes of gender, disaster and climate change in Indonesia [J]. Cambridge Journal of Regions Economy and Society, 2020, 13（2）: 233-251.

[23] Chen C, Reniers G, Zhang L. An innovative methodology for quickly modeling the spatial-temporal evolution of domino accidents triggered by fire[J]. Journal of Loss Prevention in the Process Industries, 2018, 54: 312-324.

[24] 史培军, 吕丽莉, 汪明, 等. 灾害系统: 灾害群、灾害链、灾害遭遇[J]. 自然灾害学报, 2014, 23（6）: 1-12.

[25] Ba R, Deng Q, Liu Y, et al. Multi-hazard disaster scenario method and emergency management for urban resilience by integrating experiment-simulation-field data[J]. Journal of Safety Science and Resilience, 2021, 2（2）: 77-89.

[26] Gabriel A B, Mario A S, Daniela Z, et al. Integration of probabilistic and multi-hazard risk assessment within urban development planning and emergency preparedness and response: application to Manizales, Colombia[J]. International Journal of Disaster Risk Science, 2017, 8（3）: 270-283.

[27] Araya-Munoz D, Metzger M J, Stuart N, et al. A spatial fuzzy logic approach to urban multi-hazard impact assessment in Concepcion, Chile[J]. Science of the Total Environment, 2017, 576: 508-519.

[28] Sun Q, Nazari R, Karimi M, et al. Comprehensive flood risk assessment for wastewater treatment plants under extreme storm events: a case study for New York City, United States[J]. Applied Sciences, 2021, 11（15）: 6694.

[29] Garcia-Aristizabal A, Gasparini P, Uhinga G. Multi-risk assessment as a tool for decision-making[J]. Urban Vulnerability and Climate Change in Africa, 2015, 4: 229-258.

[30] 刘爱华, 吴超. 基于复杂网络的灾害链风险评估方法的研究[J]. 系统工程理论与实践, 2015, 35（2）: 466-472.

[31] 邓青，施成浩，王辰阳，等. 基于 E-LVC 技术的重大综合灾害耦合情景推演方法[J]. 清华大学学报（自然科学版），2021，61（6）：487-493.

Urban Systemic Risk Management Induced By Flood Disaster

Liu Gaofeng[1,2], Wang Huimin[1,2], Huang Jing[1,2], Zhu Jindi[2], Tao Feifei[3]

(1. State Key Laboratory of Hydrology-Water Resources and Hydraulic Engineering, Hohai University, Nanjing 210098, China；2. Business School, Hohai University, Nanjing 211100, China；3. Information Department, Hohai University, Nanjing 211100, China)

Abstract：From the perspective of typical events of urban flood disaster, flood disaster will bring many secondary derivative disasters, such as interruption of water network and power grid, traffic paralysis, landslides, plague and so on. The cascading and superimposed effects of these disasters will bring much greater losses and consequences than single disasters. The study of urban multi-disaster species and disaster chain has become a hot topic at home and abroad. Existing studies mainly focus on risk assessment and emergency response of a single disaster. There is an urgent need to scientifically identify the spatio-temporal coupling relationship of multiple disasters, coordinate systematic risk prevention and control at a macro level, and improve urban disaster prevention and reduction capabilities. From the perspective of systemic risk, this paper puts forward the definition and connotation of urban systemic risk induced by flood disaster, and describes the diffusion process of flood disaster and its secondary derivative disaster. Through sorting out the insufficiency of the existing urban flood disaster research, the hot spots and key scientific issues in the future, such as the diffusion mechanism, risk assessment and emergency response of urban systematic risk induced by flood disaster, are proposed. Further research directions such as urban systemic risk analysis driven by big data, urban systemic risk warning based on crowd behavior, and urban systemic risk prevention and control mechanism based on public participation are proposed.

Keywords：flood disasters；urban systemic risk；risk diffusion；risk management

推荐系统视角下的复杂用户行为识别*

孙榛[1]，孙世航[1]，李先能[1]

（1. 大连理工大学 经济管理学院，大连 116024）

摘要：数据的开放与资源的共享已经成为信息时代最大的特点之一。随着行业间数据壁垒的逐渐消失，跨领域推荐受到了越来越多的关注。跨领域推荐与单一领域推荐不同，单一领域的数据相对而言同质化程度更深，而跨领域推荐意味着可以利用数量更多、内容更多元的数据进行模型训练，从而提升模型的推荐效果。双目标跨领域推荐能够同时增强源域和目标域的推荐效果。目前，大多数研究将注意力集中于构建联系两个领域的"桥梁"，即挖掘或保持用户在不同领域的某种行为不变性模式，并将这种模式纳入模型的统一学习过程中。然而，这种全局性的模式共享并不能帮助模型识别用户复杂的行为，因为它忽略了用户行为还会随所在领域的变化而变化，这就不可避免地会产生推荐偏差。本文应用机器学习技术，对三组真实世界中的跨领域行为进行推荐研究，提出基于分割综合策略的双目标跨领域推荐（divide-and-conquer network，DACnet）模型。实验结果表明，无论领域之间的相似程度如何，DACnet模型都可以实现比目前最先进的跨领域推荐方法更加卓越的推荐效果。此外，通过消融实验验证了用户的复杂行为"游走"于"个性化"和"情境化"之间。

关键词：复杂用户行为；跨领域推荐；多任务学习；迁移学习；分割综合法

1 引言

目前正处于我国大数据产业高质量发展的重要时期，大数据与各产业的融合逐渐加强。大数据产业的发展及其技术与各产业的融合正在逐步瓦解各产业、各系统、各业务之间的数据壁垒。《"十四五"大数据产业发展规划》中指出，大数据融合应用市场加速繁荣，场景挖掘将从边缘浅层向核心深层拓展，大数据与各产业的融合应形成服务于产业发展的动态感知、敏捷

---

* 基金项目：国家自然科学基金项目（72071029、71974031、72231010）。
作者简介：孙榛（1996—），女，辽宁大连人，大连理工大学经济管理学院硕士研究生，主要研究方向：推荐系统、机器学习。孙世航（1999—），男，辽宁沈阳人，大连理工大学经济管理学院硕士研究生，主要研究方向：推荐系统、机器学习。
通信作者：李先能（1986—），男，广东韶关人，大连理工大学经济管理学院教授、博士生导师，主要研究方向：大数据管理与决策、人机协同、机器学习。

分析、全局优化、智能决策等强大能力，跨系统跨产业链的综合性分析等深层次应用将加速涌现[2]。大规模、多维度的数据蕴含着更加丰富的信息，若能对其进行系统性、全局性地归纳、发掘，必将使数据迸发出新的产业价值。因此，加强跨领域数据应用，构建基于双领域、多领域大数据研究方法是数据产业发展和大数据与产业融合的关键一步。

近年来，大数据的兴起和计算能力的显著提升，使得以此为基础的深度神经网络获得新的发展，各种基于深度神经网络的模型层出不穷，无论是在学术界还是工业界的各种场景中，深度学习模型都有着不俗的表现。在电子商务的推荐系统领域，深度学习模型通过特征之间的深度交叉学习推荐系统中复杂的人与物品之间的交互关系，利用深度神经元结构对推荐系统中的人以及个体之间的影响进行非线性建模。基于深度学习的推荐系统不断涌现，如经典的基于深度学习的协同过滤（neural collaborative filtering，Neural CF）模型[3]和深度矩阵分解（deep matrix factorization，DMF）[4]模型等。

使用单一领域数据的推荐系统往往面临着数据稀疏、信息同质化程度高、知识刻画维度单一等问题。跨领域推荐模型则可以利用数量更多、内容更多元的数据，从而提升模型的推荐效果。传统的跨领域推荐系统通常将知识从信息更加丰富的源域迁移至信息匮乏的目标域，提升目标域推荐效果。然而，其关注点集中于目标域，无法使知识为源域服务，造成了资源浪费，而双目标跨领域推荐则能够同时提高两个领域的推荐效果。当前，双目标跨领域推荐研究将注意力集中于构建联系两个领域的"桥梁"，即挖掘或保持用户在不同领域的个体行为不变性模式，并将这种模式纳入模型的统一学习过程中。然而关于影响个体行为的因素研究表明行为本身除了会受到个体先天遗传因素的影响，还会在不同程度上受到个体所处环境的影响。简而言之，个体行为是由个人特点和具体环境共同决定的[5]。这种全局性的模式共享忽略了推荐系统中用户个体行为模式会受到个体及环境变化的影响，即其在发掘行为不变性模式时未能消除特定领域对其个体的影响，在应用其不变性模式进行推荐时也未能对其中环境与个体、个体与个体之间影响造成的个体演化进行建模。

由此，本文提出了DACnet模型，以分割综合策略的模块化思维为基础，利用个体不同领域之间的行为的差异性和共性挖掘用户的本质特征，提高推荐模型的泛化能力；同时，寻找用户受域特性影响产生的特殊特征，进而提高模型在不同领域的表达能力。DACnet模型旨在最大限度发挥不同领域数据资源，从而同时提高推荐系统在源域和目标域的推荐能力。

2 相关工作

推荐系统在理解用户行为和用户偏好方面取得了巨大成功[1,7]。经典的推荐算法——协同过滤（collaborative filtering，CF）能够利用用户的历史行为数据向目标用户推荐与其偏好相似的其他用户喜欢的物品[8]。矩阵分解（matrix factorization，MF）技术通过分解用户-物品交互矩阵学习用户潜在偏好因子和物品潜在特性因子，并利用二者向量的内积作为用户对物品的喜爱程度，向用户推荐喜爱程度高的物品[9]。近年来，随着深度学习的兴起，深度学习被有效地用于处理更加复杂的用户物品交互。然而，在某些低频消费领域，推荐系统仍然面临严重数据稀疏问题和冷启动问题[10~12]。此外，由于单域数据类型同质化严重，推荐系统往往容易陷入信息茧房的困境中。跨领域推荐可以在一定程度上缓解这些问题[13~15]。

跨领域推荐方法是目前解决推荐过程中出现的数据稀疏问题、冷启动问题的最有效手段之一。经典的跨领域推荐模型是对单域推荐模型的扩展，包括协同矩阵分解（collective matrix factorization，CMF）模型[16]、跨领域协同过滤（cross-domain collaborative filtering，CDCF）[17, 18]、基于因子分解机的跨领域协同过滤（collaborative filtering with factorization machines，CDFM）[19]、典型相关分析[20-23]和双重正则化[24]等。它们利用用户/物品特征[25]、评分[26, 27]、社会信息[28]等信息，来辅助数据稀疏的目标领域的任务学习。然而，这种单向跨领域推荐并不能有效利用所有领域的资源，造成资源浪费。为了利用所有领域的资源，双目标迁移学习提供了一个很好的解决方案。实现双迁移学习的关键在于构建公共知识结构[29, 30]。

对于单目标迁移造成的资源浪费，双目标迁移学习也可以很好地解决，它可以利用域包含的所有数据，同时提高两个领域的推荐性能。多任务学习是实现双目标跨领域推荐的重要手段之一。目前，大多数双目标迁移学习都是在多任务学习的基础上进行扩展和延伸的。基于多任务学习的双目标跨领域推荐主要通过特征学习的方式，提高所有任务的推荐性能。具体来说，通过共享神经网络底层的重叠用户的特征向量，将多个任务相互关联，学习到通用的用户特征，进而提高了模型的泛化能力。跨领域协同交叉网络（collaborative cross networks，CoNet）重叠用户的嵌入特性，通过反向传播可以有效地训练多层前馈网络中交叉连接单元和联合损耗函数实现的双目标迁移跨领域推荐[31]。双目标跨域推荐模型（dual-target cross-domain recommendation，DTCDR）通过最大池策略将重叠用户的特征向量结合起来，最大池策略可以保持不同领域的主导因素，并设计一种嵌入共享策略以适应不同的场景[32]。然而，这种全局性的先验知识共享可能不足以识别用户的复杂行为，即相当于默认用户在不同领域有相同偏好，往往会导致模型的表达能力降低，使得推荐产生偏差[33]。

本质上，上述双目标跨领域推荐模型，无论是基于多任务学习的双目标迁移模型，还是基于对抗的深度迁移学习模型，都在发掘和构建可以共享的知识或模式，并以全局性地共享先验知识的方式作为联系两个领域之间的桥梁，将公共知识结构纳入推荐系统。然而，这相当于默认用户面对不同领域时行为模式相同，进而导致模型无法识别用户在面对不同领域时的复杂的行为，影响推荐效果。

3 基于分割综合策略的跨领域推荐方法研究

3.1 行为的跨情境一致性问题

在20世纪60年代，人格心理学领域著名的"个人-情境论争"，探讨了关于行为的跨情境一致性问题，即个体行为究竟是由个人特质所决定，还是由情境要求所决定的[34]，这一争论目前已经达成共识——个体行为是由个人特点和具体环境共同决定的[35]。现实生活中，完全依赖个人偏好的个人化行为情境和完全依赖环境的情境化行为并不常见，更多的往往是二者的结合，即多数情境下，人们的行为会在个人偏好和环境影响的交互作用中形成。根据个体行为受二者影响程度大小、强度的对比，辛德的自我监督理论中，将人的社会行为分为低自我监督者和高自我监督者[36,37]。低自我监督者在做决策时，受内心的偏好影响较大，不太考虑具体环境施加的要求。高自我监督者与之相反，他们重视环境，会根据具体环境形势适当调整自己的行为，以此保证自己展现的行为的得体性。但是，即使是低自我监督者，也会表现出适应环境的情境化行为；高自我监督者，也会受自身内在偏好影响，只是程度较浅。

3.2 模型假设

从经典的深度学习模型中，模型架构对于模型的表达能力和泛化能力十分重要。然而，近年来，深度学习的直接红利渐渐消失殆尽，想要继续挖掘模型的剩余潜力，就应该立足于具体的应用场景，从管理学、心理学、消费者行为等新的视角重新审视深度模型推荐系统。因此，本文基于现有心理学研究——行为的跨情境一致性理论，假设用户行为可以分解为可共享的个人化行为和针对受具体领域影响的情境化行为，并据此重新定义并设计深度学习模型的结构以及目标函数等。

3.3 模型思想

基于分割综合策略实现双目标跨领域推荐的核心思想，如图1所示。分割综合策略的核心思想是将一个复杂问题依据过程，分解为若干级别子问题，最后将各子问题的解答合成为原问题的解答[6]。利用分割综合思想，将发掘用户行为特征的问题分割为：①利用用户在双领域行为发掘用户个人化行为特征；②利用用户在双领域行为发掘用户在具体领域的情境化行为特征。利用深度神经网络对两子问题分别进行建模得到两子特征，再将两子问题得到的子特征进行综合，形成新的用户特征，用以同时提高两个领域的推荐效果。

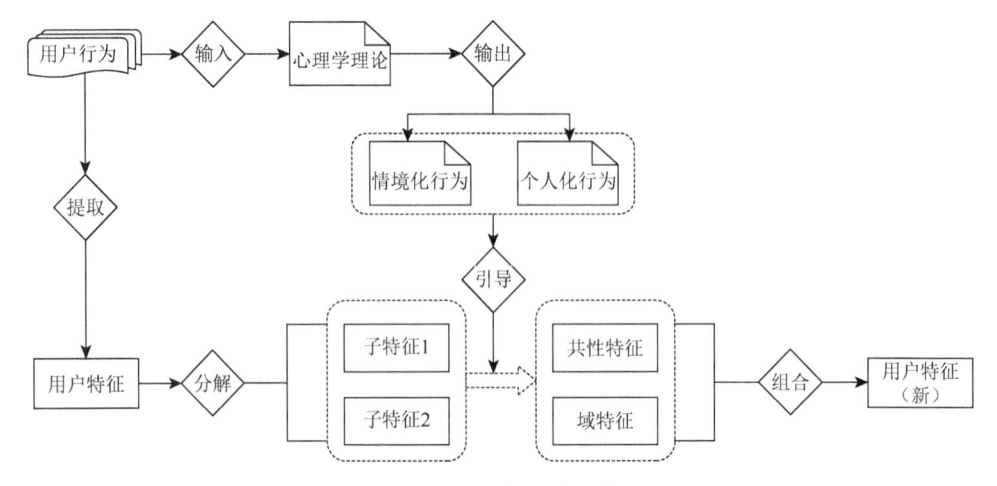

图1 DACnet模型思想示意图

3.4 用户个人化行为识别建模

个人化行为是指个体产生行为的动机完全来自个人内在驱使,与其他因素无关,这类行为基本不会被社会要求所约束,也无目的性,如喜爱的颜色、钟爱的旋律、偏爱的食物口味等。个人化行为不受环境要求、周围压力影响,其产生与内在的原发性动机有关。原发性动机有利于个体保持内在稳定性和维护内在统一性、独立性。此类动机与个人性格等紧密相关。例如,Richards 等[38]提出的"本我"、Rogers[39]提出的"趋利避害"行为、Pervin[40]提出的"自我实现"等。因此,个人化行为是可以预期的,且表现出高度的行为一致性。虽然,完全由内心感受主导的个人化行为并不多见,但不能否认它们的存在。

如图 2(b)所示,用户在不同领域中的历史行为数据分布并不相同,个人化特征提取器设计的核心思想是在经过潜在特征空间映射后,使用户不同领域行为中提取出的特征更加接近,剥离领域和情境对用户行为的影响,学习到用户个人化行为模式的表征——个人化特征。模型通过优化损失函数学习用户在两个域的个人化特征,损失函数如下:

$$L_c(\Theta_c) = \| f_u^B - f_u^A \|_2 + \mu \| \Theta_c \|_2^2 \tag{1}$$

其中,f_u^A 和 f_u^B 分别为用户 u 在 A、B 两个领域的个人化特征;$\| \Theta_c \|_2^2$ 为损失函数的正则项,避免过拟合问题;参数 μ 控制正则化程度。

在最小化损失函数的过程中,参数的连续迭代更新将迫使 f_u^A 和 f_u^B 无限逼近,即 $f_{u^c}^A \approx f_{u^c}^B$。当模型稳定时,可以得到用户的共性特征。优化目标可以表示为

$$\widehat{\Theta}_c = \arg\min_{\Theta_c} L_c(\Theta_c) \tag{2}$$

最小化共性损失函数,则用户在领域对(A,B)的共性特征为

$$f_{u^c}^{\prime A} = G_c(e_u^A; \widehat{\Theta}_c) \tag{3}$$

$$f_{u^c}^{\prime B} = G_c(e_u^B; \widehat{\Theta}_c) \tag{4}$$

其中,$G_c(\cdot; \widehat{\Theta}_c)$ 为共性特征提取器,即带有参数集 $\widehat{\Theta}_c$ 的全连接深度神经网络;e 为 embedding,嵌入向量;e_u^A、e_u^B 分别为用户 u 在领域 A、B 的用户特征向量。

3.5 用户情境化行为建模

个体行为除了受内在偏好的影响外,人们还会随着情境的变化以特别的方式改变自己的行为[41, 42]。个体行为受环境影响,心理学上将之称为"情境化的行为"。因此,考虑具体领域对用户决策的影响,对于更好地理解用户行为,提高推荐准确性至关重要。

情境化行为模型的设计思路正是基于上述的心理学研究,是当用户行为只受具体环境影响时的抽象模型,设计初衷是探索情境变化对用户个体行为的影响。与从单一领域推荐的切入视角不同,当从多个领域协同考虑时,各个领域的特点就会自然突显,因而模拟用户的情境化行为也更加形象真切。因此,本文在建模情境化的行为时,同时考虑多个领域能够突显具体领域的特征,以此来模拟更加接近情境化的行为的模型。

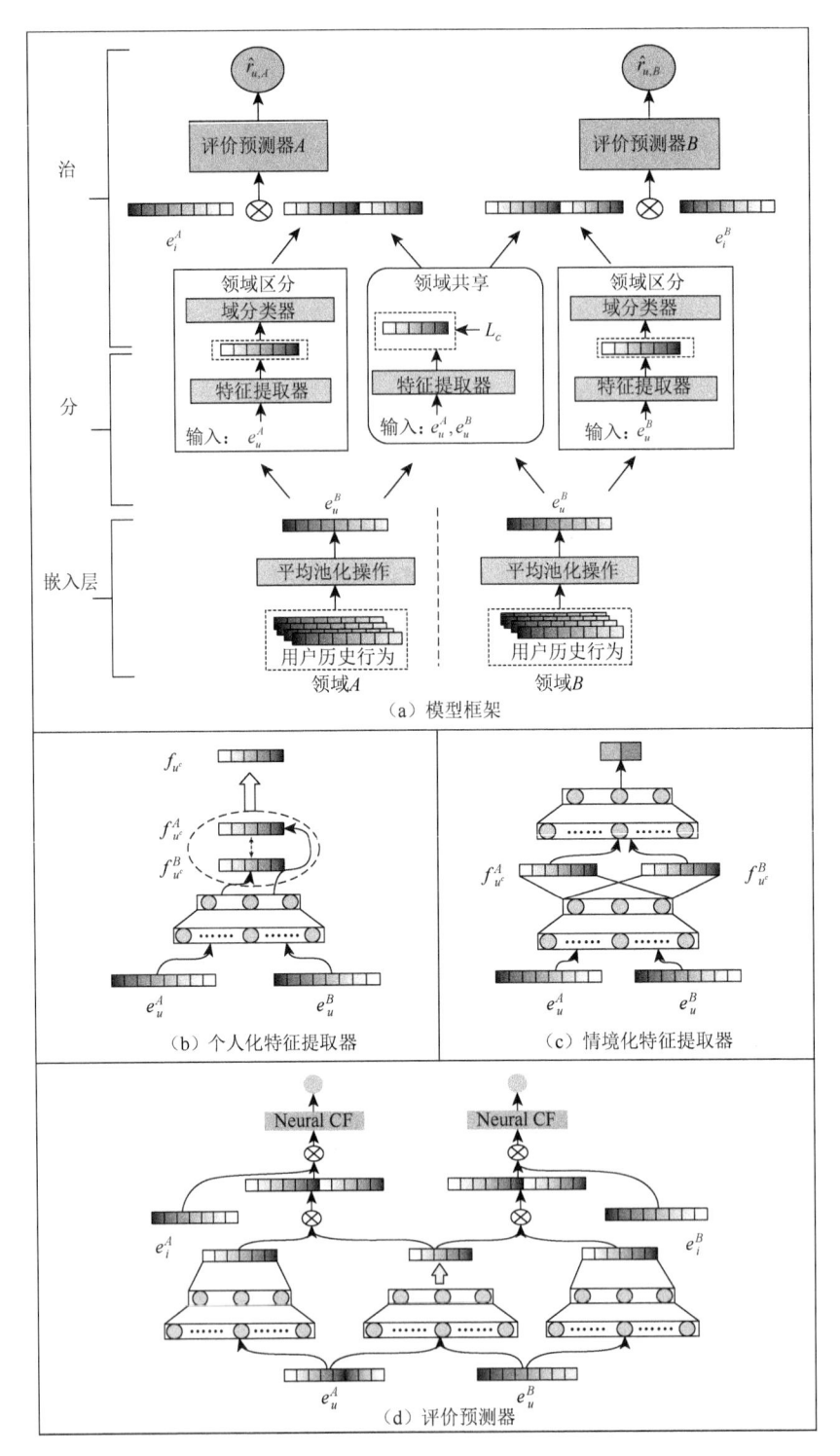

图 2 DACnet 算法框架图

如图 2（c）所示，本文构建了一个全连接神经网络 f 来提取用户在特定领域的情境化行为的表征——情境化特征。显然，不同领域之间的共性不会引起用户行为的变化，而只有能够显著区分两个领域的特性才会带来用户在不同领域中的行为差异。因此，受生成对抗网络中判别器的思想启发，本文构建了一个域分类器监督 f 对情境化特征的学习。通过带有参数集 Θ_d 的神经网络预测情境化特征对应的领域的标签 $c \in \{0,1\}$，其中 0 代表输入向量属于源域，1 代表输入向量属于目标域。分类器通过优化分类损失函数学习迫使情境特征提取器学习用户的情境化行为表征向量，域分类器预测输出的相应计算为

$$\hat{r}_{u,d} = G_d(f_{u^d}^A, f_{u^d}^B; \Theta_d) \tag{5}$$

其中，$G_d(\cdot; \Theta_d)$ 为分类器——带有参数集 Θ_d 的全连接神经网络；$f_{u^d}^A$ 和 $f_{u^d}^B$ 分别为用户 u 由全连接神经网络 f 学习到的、受领域 A、B 的影响产生的特征。

本文使用了经典的交叉熵函数作为域分类的损失函数，定义如下：

$$L_d(\hat{r}_{u,d}, r_{u,d}; \Theta_d) = -\sum_{(u,d) \in D_A \cup D_B} r_{u,d} \log \hat{r}_{u,d} + (1 - r_{u,d} \log(1 - \hat{r}_{u,d})) + \lambda_d \|\Theta_d\|_2^2 \tag{6}$$

其中，$\hat{r}_{u,d}$ 和 $r_{u,d}$ 分别为情境化特征所属领域的预测值和真实值；$\|\Theta_d\|_2^2$ 为分类损失函数的正则项，避免函数过拟合；λ_d 控制正则化程度。

最小化域分类损失函数，得到用户 u 受领域 A、B 影响产生的域特征为

$$f_{u^d}^{\prime A} = G_f(e_u^A; \hat{\Theta}_f) \tag{7}$$

$$f_{u^d}^{\prime B} = G_f(e_u^B; \hat{\Theta}_f) \tag{8}$$

其中，$G_f(\cdot; \hat{\Theta}_f)$ 为特征提取器——带有参数集 $\hat{\Theta}_f$ 的全连接神经网；e_u^A、e_u^B 分别为用户 u 在领域 A、B 的用户特征向量。

3.6 基于分割综合策略的跨领域推荐模型

在 3.5 节、3.6 节中，本文对用户特征进行分解，分解成情境化特征和个人化特征。在本节中，本文将重构用户特征。具体来说，如图 2（d）所示，本文通过两部分来建模用户特征：用户的个人化特征和用户在不同领域表现的情境化特征。个人化特征捕捉用户在不同领域的行为一致性，提高模型的泛化能力，使得双目标迁移得以实现，同时提高两个领域的推荐效果。而情境化特征捕捉环境对用户行为的影响，归纳用户在特定领域的行为模式。二者综合构成用户的偏好特征。

用户特征向量经过分解重构后在领域对（A，B）的特征向量如下所示：

$$f_u^A = f_{u^d}^{\prime A} \otimes f_{u^c}^{\prime A} \tag{9}$$

$$f_u^B = f_{u^d}^{\prime B} \otimes f_{u^c}^{\prime B} \tag{10}$$

其中，$f_{u^d}^{\prime A}$ 和 $f_{u^d}^{\prime B}$ 通过式（7）和式（8）得到，分别为用户 u 受领域环境影响的情境化特征；$f_{u^c}^{\prime B}$ 和 $f_{u^c}^{\prime A}$ 分别为基于用户 u 个人特点的用户在领域 A、领域 B 的个人化特征，$f_{u^c}^{\prime B} \approx f_{u^c}^{\prime A}$；$\otimes$ 为向量拼接技术。

将重构后的用户特征向量输入全连接神经网络，建模用户和物品之间的复杂的非线性交互关系。估计用户在 A、B 两个领域对物品的评分如下所示：

$$\hat{r}_{ui} = G_{\text{pred}}^A(f_u^A; \Theta_p^A) \quad (11)$$

$$\hat{r}_{uj} = G_{\text{pred}}^B(f_u^B; \Theta_p^B) \quad (12)$$

其中，f_u^A 和 f_u^B 通过式（11）、式（12）得到，分别为用户在领域 A、领域 B 重构后的特征；$G_{\text{pred}}^A(\cdot; \Theta_p^A)$ 和 $G_{\text{pred}}^B(\cdot; \Theta_p^B)$ 分别为带有参数集 Θ_p^A 和 Θ_p^B 的全连接神经网络，是用户在领域 A、领域 B 对物品的评分预测器。

$$\begin{aligned} L_{\text{pred}}(\Theta_p) &= L_{\text{pred}}^A(\Theta_p^A) + L_{\text{pred}}^B(\Theta_p^B) \\ &= \omega_1 \frac{1}{2|D_A|} \sum_{(u,i) \in D_A} (\hat{r}_{ui} - r_{ui})^2 + \omega_2 \frac{1}{2|D_B|} \sum_{(u,j) \in D_B} (\hat{r}_{uj} - r_{uj})^2 \\ &\quad + \lambda_1 \|\Theta_p^A\|_2^2 + \lambda_2 \|\Theta_p^B\|_2^2 \end{aligned} \quad (13)$$

其中，ω_1 和 ω_2 用来平衡 A 与 B 两个域的评分预测损失在联合损失函数中的重要程度；λ_1 和 λ_2 控制正则化程度；D_A 和 D_B 分别为包含用户–项目交互行为的集合。

3.7 目标函数优化

最小化域分类损失函数 L_d 优化参数集 Θ_d、Θ_f，最小化个人化损失函数 L_c 优化参数集 Θ_c，最小化评分预测损失函数 L_{pred} 优化参数集 Θ_p，模型的训练过程是通过优化损失函数 L_{join} 来学习个人化特征和情境化特征，模型的总损失 L_{join} 是由评分预测损失 L_{pred}、个人化特征损失 L_c、域分类损失 L_d 共同构成的：

$$L_{\text{join}} = \min_{f_{u^d}^A, f_{u^c}^A, f_{u^d}^B, f_{u^c}^B} \omega_p \cdot L_{\text{pred}}(\Theta_c, \Theta_f, \Theta_d, \Theta_p) + \omega_d \times L_d(\Theta_f, \Theta_d) + \omega_c L_c(\Theta_c) + \lambda R \quad (14)$$

其中，L_{pred} 为用户在领域 A、领域 B 的评分预测损失；L_c 为提取用户个人化特征的损失；L_d 为域分类损失；$R = \|\Theta_c\|^2 + \|\Theta_f\|^2 + \|\Theta_d\|^2 + \|\Theta_p\|^2$ 表示损失函数的正则项，减轻模型的过拟合问题；λ 控制正则化程度；w_c 控制两个域之间的相关性程度；w_d 和 w_p 控制域分类损失和评分预测损失在联合损失函数中的贡献度。

在模型训练的过程中，共享参数的优化会同时被与之相关的损失函数影响，而不同函数对于共享参数影响的程度，是通过调整权重实现的。参数 Θ_f，是受域损失函数 L_d 和评分预测损失 L_{pred} 共同影响的共享参数；Θ_c 是受个人化损失函数 L_c 和评分预测损失函数 L_{pred} 共同影响的共享参数；Θ_p 和 Θ_d 只受单个函数，即评分预测损失 L_{pred} 和域分类损失函数 L_d 影响。模型的参数更新过程如下所示：

$$\Theta_f \leftarrow \Theta_f - \alpha_1 \left(w_d \times \frac{\partial L_d}{\partial \Theta_f} + w_p \times \frac{\partial L_{\text{pred}}}{\partial \Theta_f} \right) \quad (15)$$

$$\Theta_c \leftarrow \Theta_c - \alpha_2 \left(w_c \times \frac{\partial L_c}{\partial \Theta_c} + w_p \times \frac{\partial L_{\text{pred}}}{\partial \Theta_c} \right) \qquad (16)$$

其中，超参数 α_1、α_2 为神经网络的学习速率；Θ_f 为评分预测器的子参数集和情境化特征提取器的子参数集；Θ_c 为个人化特征提取器的参数集和评分预测器的子参数集；Θ_f、Θ_c 为受两个损失函数影响的共享参数；w_c 控制两个域之间的相关性程度；w_d、w_p 控制域分类损失和评分预测损失在联合损失函数中的贡献度。

4 实验分析

4.1 实验设置

4.1.1 实验数据介绍

为了准确地对模型进行评估，本文选择了三个真实世界中的数据集进行实验，即亚马逊网站图书数据集（ratings_Books）、影视数据集（ratings_Movies_and_TV）、电子产品数据集（ratings_Electronics）。根据三个数据集中的重叠用户的唯一识别码——用户id的对应关系，连接成三组跨领域数据集用于跨领域推荐实验，分别是（ratings_Books, ratings_Movies_and_TV）、（ratings_Books, ratings_Electronics）、（ratings_Movies_and_TV, ratings_Electronics）。其中，图书和影视之间的关联性较大一些，电子产品与其他两个数据集的关联性较小，以此来验证模型在相关性不同的领域对之间的表达能力。数据集具体细节如表1所示。

表 1 原始数据统计

域	图书	影视	电子产品
#用户	708 954	581 975	786 329
#物品	33 122	29 479	61 893
#评分	1 048 575	1 048 575	1 048 575
稀疏度	0.0045%	0.0061%	0.0022%

4.1.2 消融实验设计

DACnet 是一种基于多任务学习的跨领域推荐框架，整体模型由多个任务共同构成，即评分预测任务、个人化特征提取任务、情境化特征提取任务。每个任务都是一个小型的深度神经网络，对应实现相应的功能，即评分预测任务要实现精确评估用户对物品的评分，个人化特征提取任务要发现代表用户的固定偏好、具有通用性的个人化特征；情境化特征提取任务要挖掘那些受具体领域影响的具有特定性的情境化特征。为了验证 DACnet 模型中各部分是否发挥作用以及是否存在冗余性和排斥性等问题。因此，本节将 DACnet 进行拆解，将各个任务视为独立的子模块，通过在子模块上增加相应结构、删减子模块等操作，重新设置模型的结构，如表 2 所示，构建了四种消融模型，分别是基于领域特性的协同交叉网络（DACnet-T）、基于个人化行为的跨领域推荐（DACnet-C）模型、基于情境的跨领域推荐（DACnet-D）模型，以及双目标跨领域推荐（DACnet-R）模型。

表 2　消融模型

	模型		迁移策略（跨领域）
	原模型	DACnet	多任务学习
	+交叉联结单元	DACnet-T	多任务学习
跨领域推荐	−域分类器	DACnet-R	多任务学习
	−个人化特征提取器	DACnet-D	多任务学习
	−情境化特征提取器	DACnet-C	多任务学习

4.1.3　基准方法

本节将 DACnet 模型和目前几种先进的跨领域模型进行对比，并通过几个消融实验对模型的有效性进行验证，具体细节如表 3 所示。

表 3　基准模型介绍

	模型	迁移策略（跨领域）
单领域推荐	Neural CF	—
	CoNet	线性矩阵变换
	SCoNet	线性矩阵变换
跨领域推荐	DTCDR	潜入特征共享策略
	DDTCDR	潜在正交映射
	DACnet	多任务学习

注：SCoNet 表示稀疏跨领域协同交叉网络，sparse collaborative cross networks；DTCDR 表示双目标领域推荐模型，dual-target cross-domain recommendation；DDTCDR 表示深度双向迁移跨领域推荐模型，deep dual transfer cross domain recommendation

（1）CoNet[31]：CoNet 是双目标跨领域深度迁移学习模型，CoNet 假设两个基本的神经网络中的隐藏层通过交叉映射连接，从而形成 CoNet，进而实现双目标迁移，将知识从一个领域迁移到另一个领域。

（2）SCoNet[31]：在 CoNet 模型的基础上，SCoNet 通过稀疏交叉连接单元的结构，达到有选择性地将知识从一个领域迁移到另一个领域。

（3）DTCDR[32]：在多任务学习的基础上，DTCDR 设计了一种自适应的嵌入特征共享策略，可以跨领域合并和共享普通用户的嵌入特征向量，同时在信息量丰富和稀疏（即双目标）的域上提高推荐性能。

（4）DDTCDR[43]：DDTCDR 设计了一种新的潜在正交映射结构来提取多个域上的用户偏好，与此同时，保留用户在不同的潜在空间之间的关系，进而提高模型的推荐效果。

（5）Neural CF[3]：Neural CF 是一种经典的单域推荐模型，是将矩阵分解模型和深度学习结合，让用户向量和物品向量充分交叉，建模用户–物品之间的复杂的非线性关系，进而提高模型的表达能力。

4.2 实验结果分析

表 4 展示的是各模型在跨领域数据集：电子产品–影视数据集、电子产品–图书数据集、影视–图书数据集上的模型的表达能力。可以看出，根据各模型在平均绝对误差（mean absolute error, MAE）、均方误差（mean square error, MSE）、准确率（precision）和召回率（recall）四项推荐指标上的结果显示，本文提出的 DACnet 模型在三个跨领域数据集上的表现优于先进的基准方法（表 4）。

表 4 在三组跨领域数据集中各模型的推荐性能比较

跨域数据集	算法	MAE	MSE	准确率	召回率
电子产品/影视	DACnet	**0.2021/0.1785**	**0.0697/0.0528**	**0.8148/0.7838**	**0.9614/0.9920**
	效果提升	0.74%/4.29%	2.24%/4.52%	0.97%/8.14%	17.80%/20.00%
	CoNet	0.2086/0.1954	0.0733/0.0617	<u>0.8070</u>/0.6553	0.7557/0.7194
	SCoNet	<u>0.2036</u>/<u>0.1865</u>	<u>0.0713</u>/<u>0.0553</u>	0.7931/<u>0.7248</u>	<u>0.8161</u>/<u>0.8267</u>
	DDTCDR	0.2344/0.2024	0.0975/0.0697	0.7734/0.5885	0.8127/0.7810
	DTCDR	0.2137/0.1916	0.0796/0.0616	0.7834/0.6444	0.7981/0.7495
	Neural CF	0.2363/0.2052	0.0927/0.0699	0.7981/0.5516	0.7466/0.7477
电子产品/图书	DACnet	**0.1979/0.1833**	**0.0641/0.0520**	**0.7036/0.8512**	**0.9274/0.9888**
	效果提升	2.13%/0.43%	3.32%/7.69%	29.34%/0.20%	41.01%/30.66%
	CoNet	<u>0.2022</u>/0.1914	0.0668/0.0576	0.5368/0.8272	0.6518/0.6924
	SCoNet	0.2093/0.1891	<u>0.0663</u>/<u>0.0555</u>	0.5440/0.8180	0.6577/0.7367
	DDTCDR	0.2343/<u>0.1841</u>	0.0790/0.0560	0.1345/<u>0.8495</u>	0.3777/0.7488
	DTCDR	0.2426/0.1940	0.0924/0.0592	0.4932/0.8493	<u>0.6657</u>/0.6388
	Neural CF	0.2139/0.3383	0.0682/0.1355	0.3304/0.8440	0.5580/<u>0.7568</u>
影视/图书	DACnet	**0.1785/0.1560**	**0.0556/0.0446**	**0.7976/0.7977**	**0.9299/0.9699**
	效果提升	3.30%/1.95%	1.42%/0.67%	5.57%/8.75%	7.48%/9.77%
	CoNet	0.1865/0.1616	0.0566/0.0458	<u>0.7555</u>/0.7227	0.8266/0.7892
	SCoNet	<u>0.1844</u>/<u>0.1591</u>	<u>0.0564</u>/<u>0.0449</u>	0.7488/0.7190	0.8297/0.8420
	DDTCDR	0.1942/0.1862	0.0591/0.0572	0.1330/<u>0.7335</u>	0.3183/<u>0.8836</u>
	DTCDR	0.1895/0.1679	0.0590/0.0451	0.7121/0.7105	<u>0.8652</u>/0.8800
	Neural CF	0.2069/0.2326	0.0712/0.0885	0.5533/0.7111	0.7459/0.7253

注：加粗的数值代表各推荐指标下的最优表现，带下划线的数值是次优表现

以各模型在影视-图书跨领域数据集上的性能对比分析为例,可知:关于影视的推荐,如表4所示,在推荐指标 MAE 的测量结果中,DACnet 模型的表达效果最好,MAE 是 0.1785,次优的模型是 SCoNet,MAE 是 0.1844,DACnet 比次优基准方法效果提升 3.30%;在推荐指标 MSE 的测量结果中,DACnet 模型的表达效果最好,MSE 是 0.0556,次优的模型是 SCoNet,MSE 是 0.0564,DACnet 比次优基准方法效果提升 1.42%;在准确率上的测量结果中,DACnet 模型的表达效果最好,准确率是 0.7976,次优的模型是 CoNet,准确率是 0.7555,DACnet 次优基准方法效果提升 5.57%;在召回率上的测量结果中,DACnet 模型的表达效果最好,召回率是 0.9299,次优的模型是 DTCDR,召回率是 0.8652,DACnet 比次优基准方法效果提升 7.48%。关于图书的推荐,如表 4 所示,在推荐指标 MAE 的测量结果中,DACnet 模型的表达效果最好,MAE 是 0.1560,次优的模型是 SCoNet,MAE 是 0.1591,DACnet 比次优基准方法效果提升 1.95%;在推荐指标 MSE 的测量结果中,DACnet 模型的表达效果最好,MSE 是 0.0446,次优的模型是 SCoNet,MSE 是 0.0449,与 DACnet 相差不多;在准确率上的测量结果中,DACnet 模型的表达效果最好,准确率是 0.7977,次优的模型是 DDTCDR,准确率是 0.7335,DACnet 比次优基准方法效果提升 8.75%。在召回率上的测量结果中,DACnet 模型的表达效果最好,召回率是 0.9699,次优的模型是 DDTCDR,召回率是 0.8836,DACnet 比次优基准方法效果提升 9.77%。

以此类推,我们还观察到电子产品-图书和电子产品-影视的改进,DACnet 模型在四个推荐指标上的结果分别比次优基准模型效果提升[(2.13%,3.32%,29.34%,41.01%),(0.43%,7.69%,0.20%,30.66%)]和[(0.74%,2.24%,0.97%,17.80%),(4.29%,4.52%,8.14%,20.00%)]。

综上所述,DACnet 模型在跨领域推荐方面取得了显著的效果。我们还注意到影视-图书比电子产品-图书和电子产品-影视具有更好的跨领域推荐性能。一个可能的原因是影视-图书数据集之间的相关性比其他两个域对更强,我们希望在未来进一步探索。

4.3 可视化分析

本节对用户的情境化特征和个人化特征进行数据降维和可视化分析。t-分布领域嵌入算法(t-distributed stochastic neighbor embedding,t-SNE),是一种常用的非线性降维方法,适用于高维数据降维到二维或者三维,从而进行可视化。在自然条件下,数据会服从某种分布,t-SNE 计算单个点到所有点的距离,同类之间的距离会比较小。如图 3 所示,是重叠用户在两个域的情境化特征的 t-SNE 图,黑色和灰色的特征点的位置分别代表重叠用户在领域 A、领域 B 的情境化特征降维后的结果。从图 3 中可以看出,情境化特征多以簇的形式聚集,每个簇代表一类情境化特征,且重叠用户在两个领域的情境化特征基本不重叠。

如图 4 所示,黑色和灰色的特征点的位置分别代表重叠用户在领域 A、领域 B 的个人化特征降维后的结果。从图中可以看出,将用户的个人化特征降维可视化后,与情境化特征不同,个人化特征没有体现出聚集特性，而以分散、连续的形式出现的比较多，且黑色特征点与灰色特征点重叠较多，证明在它们 t-SNE 中比较接近。

图 3　情境化特征数据降维可视化图（t-SNE 三维图）

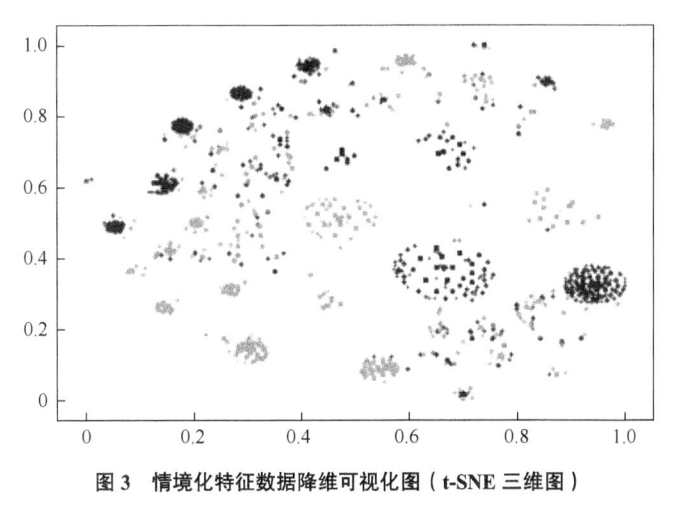

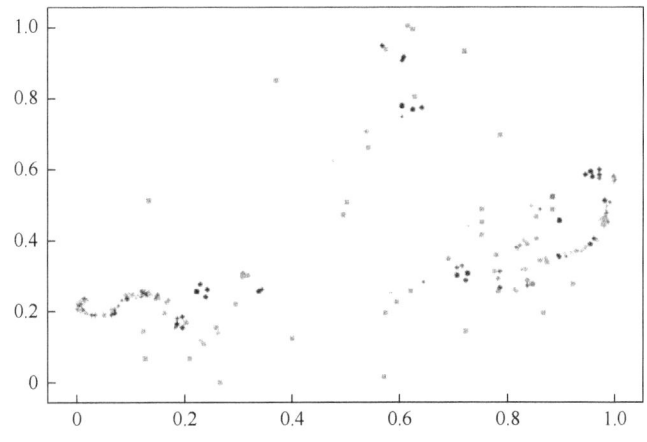

图 4　个人化特征的降维可视化图（t-SNE 三维图）

5　结论与建议

本文基于多任务学习和深度迁移学习技术，从心理学的视角重新审视推荐问题，考虑用户个人化偏好和特定领域对用户行为的影响，提出了一种新的双目标跨领域迁移推荐模型框架——DACnet。DACnet 采用分割综合方法的思想，首先将用户特征分解为更具体的特征，即用户个人化特征和领域特定的情境化特征，以便帮助模型识别复杂的用户行为。个人化特征模拟心理学中的"个人化行为"，个人化特征具有通用性，可以提高模型的泛化能力；情境化特征模拟心理学中的"情境化行为"，情境化特征针对具体任务具有区分度，可以提高模型的推荐性能。其次，基于多任务学习，模型通过最小化联合损失函数，同时学习用户的领域特定特征和领域共享特征。最后，在三组真实的跨领域数据集上进行实验验证，根据实验结果表明，DACnet 相较于目前先进的跨领域模型表现出了更好的推荐效果。此外，消融实验不仅证明了该模型各模块设计的合理性和相应的功能，还反向验证了心理学理论的真实性。

综上所述，本文提出的 DACnet，经过与先进跨域推荐模型以及消融实验在现实跨域数据集上的结果的对比分析，可以得出以下几方面实践启示。

（1）跨领域推荐比单领域推荐效果要好。用户在单一领域产生的行为受限，导致依赖数据的深度模型的视角也会局限，泛化能力降低，从而加重推荐过程中的信息茧房问题。而更多的数据也意味着更加多元、更加丰富的数据，这有利于依赖大数据为基础的深度学习模型学习到更加通用的特征，从而提高模型的泛化能力。这也为企业打破数据壁垒，提高数据的利用效率。

（2）情境化特征不宜迁移。具有区分性的情境化特征能够保持域的独立性，它的构建能够对于模型识别用户复杂的行为有帮助，避免将用户特征中这类特征的迁移，从而进一步保证模型推荐的准确性。

（3）用户个人化特征的提取能够提高模型的泛化能力。个人化特征是用户的个人化行为，短时间内不会突变，不随具体环境等其他因素改变，因而，个人化特征更加具有通用性，能够提高模型的泛化能力，从而提高推荐效果。

（4）在构建跨领域模型时，不能仅仅只考虑用户的个人化特征对于用户行为的影响，还要关注具体领域特点对用户行为的影响，只有二者结合考虑，才能够帮助模型更好地识别用户行为，进而更好地理解用户偏好，进行有效的推荐。

参考文献

[1] 王国霞，刘贺平. 个性化推荐系统综述[J]. 计算机工程与应用，2012, 48（7）：66-76.

[2] 《"十四五"大数据产业发展规划》解读[EB/OL]. http://www.gov.cn/zhengce/2021-12/01/content_5655197.htm [2022-02-22].

[3] He X, Liao L, Zhang H, et al. Neural collaborative filtering[R]. the 26th International Conferences on World Wide Web，2017.

[4] Xue H J, Dai X, Zhang J, et al. Deep matrix factorization models for recommender systems[R]. Melbourne：Twenty-Sixth International Joint Conference on Artificial Intelligence，2017.

[5] Taormina R J. International psychology and scientific psychology：at the crossroads for the future of psychology[J]. International Annual Edition of Applied Psychology：Theory，Research，and Practice，2019，(1)：1-8.

[6] 徐绪松，郑湛，赵伟，等. 复杂科学管理知识体系提出的"源"[J]. 信息与管理研究，2021, 6（6）：1-13.

[7] 刘华玲，马俊，张国祥. 基于深度学习的内容推荐算法研究综述[J]. 计算机工程，2021, 47（7）：1-12.

[8] Sarwar B, Karypis G, Konstan J, et al. Item-based collaborative filtering recommendation algorithms[R]. the 10th International Conference on World Wide Web, 2001.

[9] Koren Y, Bell R, Volinsky C. Matrix factorization techniques for recommender systems[J]. Computer, 2009, 42(8): 30-37.

[10] Wang H, Zhao Y. ML2E: meta-learning embedding ensemble for cold-start recommendation[J]. IEEE Access, 2020, 8: 165757-165768.

[11] Ji L, Qi Q, Han B, et al. Reinforcement learning to optimize lifetime value in cold-start recommendation[R]. Gold Coast: The 30th ACM International Conferenceon Information & Knowledge Management, 2021.

[12] Zhu Y, Xie R, Zhuang F, et al. Learning to warm up cold item embeddings for cold-start recommendation with meta scaling and shifting networks[R]. Montréal: The 44th International ACM SIGIR Conference on Research and Development in Information Retrieval, 2021.

[13] Kang S K, Hwang J, Lee D, et al. Semi-supervised learning for cross-domain recommendation to cold-start users[R]. the 28th ACM International Conference on Information and Knowledge Management, 2019.

[14] Tong M, Shen H, Jin X, et al. Cross-domain recommendation: an embedding and mapping approach[R]. Twenty-Sixth International Joint Conference on Artificial Intelligence, 2017.

[15] Zhu Y, Ge K, Zhuang F, et al. Transfer-meta framework for cross-domain recommendation to cold-start users[R]. Montréal: The 44th International ACM SIGIR Conference on Research and Development in Information Retrieval, 2021.

[16] Singh A P, Gordon G J. Relational learning via collective matrix factorization[R]. the 14th ACM Sigkdd International Conference on Knowledge Discovery & Data Mining, 2008.

[17] Hu L, Cao J, Xu G, et al. Personalized recommendation via cross-domain triadic factorization[R]. the 22nd International Conference on World Wide Web, 2013.

[18] Li B, Yang Q, Xue X. Can movies and books collaborate? Cross-domain collaborative filtering for sparsity reduction[J]. Sun Yat-sen University, 2009, 38(4): 2052-2057.

[19] Loni B, Yue S, Larson M, et al. Cross-domain collaborative filtering with factorization machines[R]. European Conference on Information Retrieval, 2014.

[20] Sahebi S, Brusilovsky P. Cross-domain collaborative recommendation in a cold-start context: the impact of user profile size on the quality of recommendation[R]. Berlin: International Conference on User Modeling, Adaptation, and Personalization, 2013.

[21] Sahebi S, Brusilovsky P. It takes two to Tango: an exploration of domain pairs for cross-domain collaborative filtering[R]. ACM RecSys 2015, 2015.

[22] He M, Zhang J, Zhang S Z. ACTL: adaptive codebook transfer learning for cross-domain recommendation[J]. IEEE Access, 2019, (7): 19539-19549.

[23] Sahebi S, Walker T. Content-based cross-domain recommendations using segmented models[R]. Conference on Recommender Systems, 2014.

[24] Wu H, Zhang Z, Yue K, et al. Dual-regularized matrix factorization with deep neural networks for recommender systems[J]. Knowledge-Based Systems, 2018, 145: 46-58.

[25] Tong M, Shen H, Jin X, et al. Cross-domain recommendation: an embedding and mapping approach[R]. Twenty-Sixth International Joint Conference on Artificial Intelligence, 2017.

[26] Zhao L, Pan S J, Qiang Y. A unified framework of active transfer learning for cross-system recommendation[J]. Artificial Intelligence, 2017, 245: 38-55.

[27] Zhu F, Wang Y, Chen C, et al. A deep framework for cross-domain and cross-system recommendations[R]. Twenty-Seventh International Joint Conference on Artificial Intelligence, 2018.

[28] Lin X, Wu J, Zhou C, et al. Task-adaptive neural process for user cold-start recommendation[R]. Proceedings of the Web Conference 2021, 2021.

[29] Wang Y, Xia Y, Li Z, et al. Dual transfer learning for neural machine translation with marginal distribution regularization[R]. Shanghai: 8th AAAI Symposium on Educational Advances in Artifical Intelligence, 2018.

[30] Xia Y, Qin T, Chen W, et al. Dual supervised learning[R]. the 34th International Conference on Machine Learning, 2017.

[31] Hu G, Zhang Y, Yang Q, et al. CoNet: collaborative cross networks for cross-domain recommendation[R]. the 27th ACM International Conference on Information and Knowledge Management, 2018.

[32] Zhu F, Chen C, Wang Y, et al. DTCDR: a framework for dual-target cross-domain recommendation[R]. the 28th ACM International Conference, 2019.

[33] Dong M, Yuan F, Yao L, et al. MAMO: memory-augmented meta-optimization for cold-start recommendation[R]. the 26th ACM SIGKDD International Conference on Knowledge Discovery & Data Mining, 2020.

[34] Staats A W. "Behavioural interaction" and "interactional psychology" theories of personality: similarities, differences, and the need for unification[J]. British Journal of Psychology, 71 (2): 205-220.

[35] Taormina R J. International psychology and scientific psychology: at the crossroads for the future of psychology[J]. International Annual Edition of Applied Psychology Theory Research & Practice, 2014, (1): 1-8.

[36] Snyder M. Self-monitoring of expressive behavior[J]. Journal of Personality & Social Psychology, 2015, 30 (4): 526-537.

[37] Snyder M. Public Appearances/Private Realities: The Psychology of Self-Monitoring[M]. New York: Freeman, 1984.

[38] Richards A, Strachey J. Introductory lectures on psychoanalysis[M]. New York: Liveright.

[39] Rogers C R. On Becoming A Person A Therapist's View of Psychotherapy[M]. Boston: Houghton Mifflin, 1961.

[40] Pervin L A. A brief history of modern personality theory[R]. Handbook of personality: Theory and research, 1990: 3-18.

[41] Caspi A, Sugden K, Moffitt T E, et al. Influence of life stress on depression: moderation by a polymorphism in the 5-HTT gene[J]. Science, 2003, 301 (5631): 386.

[42] 王登峰, 崔红. 行为的跨情境一致性及人格与行为的关系——对人格内涵及其中西方差异的理论与实证分析[J].

中国社会心理学评论，2008，（1）：99-117.

[43] Li P, Tuzhilin A. DDTCDR: deep dual transfer cross domain recommendation[R]. The Thirteenth ACM International Conference on Web Search and Data Mining, 2020.

Complex User Behavior Recognition from the Perspective of Recommendation System

Sun Zhen[1], Sun Shihang[1], Li Xianneng[1]

(1. School of Economics and Management, Dalian University of Technology, Dalian 116024, China)

Abstract: The openness of data and the sharing of resources have become one of the greatest characteristics of the information era. With the gradual disappearance of data barriers among industries, cross domain recommendation has attracted more and more attention. Cross domain recommendation is different from single domain recommendation. The data in a single domain is more homogeneous. Cross domain recommendation means that more data with more content can be used for model training, so as to improve the recommendation effect of the model. Dual target cross domain recommendation can enhance the recommendation effect of source domain and target domain at the same time. At present, most researches focus on building a "bridge" between the two domains, that is, mining or maintaining a certain behavior invariance pattern of users in different domains, and incorporating this pattern into the unified learning process of the model. However, this global pattern sharing can not help the model to identify the complex behavior of users, because it ignores that the user behavior will change with the change of the domain, which will inevitably lead to recommendation bias. In this paper, machine learning technology is applied to recommend three pairs of cross domain behaviors in the real world, and dual-target cross domain recommendation model based on segmentation and synthesis strategy is proposed. Experiments conducted on three real world datasets demonstrate that DACnet can achieve significantly superior performance than the state-of-the-art methods, regardless of the degrees of domain similarity. In addition, the ablation experiment not only verifies the rationality of the model structure and objective function design, but also reversely verifies the psychological theory, that is, the user's complex behavior "walks" between "personalization" and "contextualization".

Keywords: Complex user behavior; Cross-Domain Recommendation; Multi-Task Learning; Transfer Learning; Segmentation and Synthesis Strategy